겨레시집
하나

겨레시집 하나

성재경 지음

도서출판 **여름**

겨레시집 서시

시집 속 시집
시 꽃 대궁에 핀 꽃은
별이 된 사람들을 위한 노래
시 가지에 열린 열매는
별이 된 사람들을 위한 사랑
시 나무에 맺힌 씨앗은
별이 된 사람들을 위한 기도

시집 속에 또 시집
한 편의 시가 별 한사람
열편의 시도 별 한사람
그렇게 모은 별들의 묶음
큰곰 황소 페가수스 카시오페아…
북반구 밤하늘 어디서나 보인다는
여든 여덟 개 별자리에
하나만 더 꼭 하나 더
"겨레의 얼굴"이라는 이름의
여든 아홉 번째 별자리

겨레시인 성재경 겨레시는 계속 되어야 한다

겨레시집 시리즈를 시작한다.
너무 늦은 것은 아닐까?
서정시집 10권을 내면서 30년이 흘렀고
8권 애국시집을 내면서 10년이 흘렀다.
매년 한권씩 순국영웅 헌시를 올려드리기로 했는데
출판비가 없고 게을러서 2년을 건너 뛴 것이 아쉽다.
내 나이가 어느새 일흔 셋… 요즘 나이로 72세라고 하는데
나는 옛날 나이가 좋다.
한 살이라도 더 많으면 그만큼 비워지고 부지런해져서
얼마 남지 않은 최소한의 젊음의 날에 시 한편이라도 더 써야하는 압박감이 좋다.
그런 피 끓는 긴장감으로 겨레시집 시리즈에는 한 권에 독립투사 열 분께 헌시를 올릴 생각이다.
신독립군들과 유관순애국시단이 있어 출판비가 도움이 되기에 매년 한 권씩 출간할 것을 약속한다.

우리나라 대한민국은 어디로 가고 있는 것인가?
아직도 목깃 세우는 친일파 밀정 매국노가 왜 그리 많은가?
빼앗긴 나라를 되찾기 위해 아무런 대가 없이 목숨과 재산과 삶을 통째로 바친 독립투사를 부정하고 엄연히 존재하고 헌법에 명

기된 임시정부와 3.1정신마저 부정하며 1948년 8월 15일이 건국일이고, 일본이 우리나라 발전을 도왔으며 일제강점기에 우리 국민은 없었다는, 일본이라면 사족을 못 쓰는 족속들은 대체 어느 나라 사람들인가?

　물론 남이 노래 부르니 따라 부르고 남이 춤추니 덩달아 엉덩이 흔드는 사람이 없는 것은 아니지만 젊은 학생과 청년들을 잘못된 역사의 길로 이끄는 악마의 손길은 막아야 한다.

　나의 겨레詩는 일본에게 나라를 되찾기 위해 가정을 떠나고 고행을 하고 끝내 목숨 바친 분들, 싸우고 만세 부르고 항거하다 잡혀서 감옥에 갇히고 순국한 순국영웅 독립투사 그리고 독립운동가에서 출발했다.

　독립삼남매 안중근 유관순 윤봉길… 그러나 이 땅엔 수많은 독립삼남매가 계셨고 지금도 눈물로 그 길을 가는 수많은 애국자들이 버티고 있기에 결코 무너지진 않겠지만 그 가슴 아픈 역사와 삶을 나는 詩로 기록하고 싶은 것이다.

　내 시는 대부분 과거에 머물렀고 웬만하면 현재의 정치나 인사들을 끌어오고 싶지 않았지만 이제는 조금씩 말하고 비판하고 혼내주겠다는 생각이다.

　나는 일본사람을 미워하진 않는다. 아직도 반성이나 사죄 없이 독도를 노리고 침략근성을 버리지 않는 영원한 원수들을 심하게 미워한다.

　나는 무슨 정당을 싸잡아 미워하지 않는다. 그 속에 숨어서 배암의 빨간 혓바닥을 날름거리는 청산되어야 할 친일파 밀정 앞잡이와 자신의 출세, 욕구를 위해서 민족을 팔아먹고 미래 교육과 청소년마저 건드는 파렴치한 잡배들을 불같이 미워한다.

우리민족을 침략한 일본인들도 용서할 수 없지만 독립투사를 밀고하고 잡아 가두고 고문하고 죽인 껍데기만 동포였던 사람들은 결코 용서할 수 없다.

지금도 그들이 어둠속이 아닌 대낮에도 우리 목을 조르고 있기에 나는 나의 詩마다 이렇게 외칠 것이다.

이 땅에 침략을 든 일본인은 오지마라!
이 땅에 매국노 밀정 앞잡이는 오지마라!
이 땅에 대한민국을 위협하는 공산당은 오지마라!

아프고 슬픈 역사 그리고 아린 목숨을 풀잎처럼 던진 님들 앞에 가슴을 저미는 사랑의 연가여!
나의 시혼을 불태우며
다시는 외롬타지 않으려했는데 또 외롬병이 도졌다.

2025. 10.

양주 김삿갓 풍류길에서 겨레시인 **성 재 경**

> 차례

겨레시집 서시   5
겨레시인 성재경 겨레시는 계속 되어야 한다   6

홍범도 시집

    홍범도가 왔다   16
    개마고원 아리랑   18
    소년 독립군   20
    홍범도 마지막노래   22
    육군사관학교   24
    외로움이 아프다   26
    역사의 길가에   28
    전야   30
    삼수갑산 갑세   32
    백두산 홍범도   34

한지성 시집

    조국의 별 한지성   38
    별의 눈물   40
    성주에 가면   42
    영웅생가에서 하룻밤   44
    별은 빛나고   46
    별밭에서   48
    별빛 아래서   50
    파송의 노래   52
    꿈속의 귀향   54
    한지성대장기념사업회   55

> 차례

우사 김규식 시집

만포진의 눈보라	58
속 정읍사	60
새 물결 흐르다	62
우사 시편	64
여고 동창생	66
아내가 만든 태극기	68
파란 눈의 어머니	70
겨레의 영원한 외교관	72
미래로의 항해	74
만국기	76
하늘 받치기	78
수혈	80

이육사 시집

대한민국 젊은이여!	84
무서운 진화	86
폭탄공장 공장장	88
동아줄	90
빨강 얼굴	92
이육사 윤동주와 나 셋이서	94
까불지마	96
자연대학교 재학생	98
고독한 날에	100
오라, 새봄이여! 민주주의여!	102
시인의 이별	104

한용운시집

독립시인들의 아버지   108
두견새는   110
백담사 가는 길   112
묵언에 대하여   114
그곳에 그리움이 있었네   116
1944 일기   118
독립마을에 눈 내리면   120
사랑하세 천년사랑   122
망우리 묘지에서   124
태극기를 말리며   126

이봉창시집

내가 떠나도   130
한번쯤은 제1호   132
부둥켜 인사   134
목줄   136
신독립군을 네게 보낸다   138
나는 내 희망에 산다   140
마음속 누이에게   142
달리기 할 때는   144
너도 이봉창이다   146
이봉창을 만나려면   148

차례

세종임금 시집

길을 열지마라	152
해물별 시계	154
영릉에 내리는 비	156
세종대로에서	158
빗나가다	160
겨레 스승의 날	162
안약을 넣으며	164
하늘 땅 사람	166
골빈 자들의 노래	168
세종대왕 찬가	170

김시민 · 논개 시집

진주성의 깃발	174
가전리에서	176
아우내 영웅들	178
남강의 노래	180
논개의 강	182
꿈꾸는 진주성	184
논개바위에서	186
의기사 빈기사	188
남강교에 걸린 가락지	190
논개 연인증	192

강우규 시집

강우규의사를 올려다보며	196
1919 서대문 형무소	198
아들과 두루마기	200
강우규가 이봉창에게	202
늙은이들	204
서울역에서 명동성당까지	206
삼십분 걸어서	208

별책부록

징검돌이 되어	212
독도와 이어도	214
독립삼남매	216
하늘비	218
산신령 이사가는 날	219
이육사 윤동주, 님들이 계셨더라면	221

홍범도 시집

홍범도가 왔다

그가 왔다
민족의 영웅이었다가 역사의 미아가 된
독립군의 전설 홍범도 그가 찾아왔다
대한민국의 종말 같은 세상에
버려진 인격 국격의 극악한 거리에
사냥총 한 자루 들쳐 메고 왔다

범을 잡던 총
침략자 일본군을 쏘던 총
북만주 산천을 누비던 피 묻은 총
슬픈 노래 같은 파열음을 안고
빼앗겼던 나라 그보다 더 서러운
우리들 정신 줄을 겨냥한 높은음자리
낡은 군복 목깃을 세우고 그가 왔다

돌아갈 곳이 없었다
북만주는 일본이 만든 독립군 무덤
백두산은 장백산, 고향 땅은 공산군 천하
영혼조차 머물 수 없었던 쫓김의 세월

사랑했던 아내는 마지막 정절 지키다
일본군 고문으로 죽어간 착한 여인
소년독립군 양순 용환 두 아들도
독립전투에서 적들의 총탄에 먼저 보내고
아시아 변방 크즐오르다 고려극장 경비원
광복을 두 해 앞둔 타국의 서러운 죽음이여
용맹도 사라지고 생존의 종소리만 남은
영웅의 귀환은 다시 매국노들 덫에 잠기고
아직 식지 않은 화약내음 물씬한 총으로
범보다 더 무서운 인간을 겨누고 있다

개마고원 아리랑

나는 용문동 더뎅이 산골보다 거친 사내
당신은 아리랑 곡조보다 더 순한 여인
우리가 처음 만난 금강산 깊은 암자는
한가위 달덩이 같았던 여승의 세마치 산조
구름도 빗긴 밤 뱃속에 아들 하나 품고
북청 인필골 산중마을 초가집에 스며들어
옥녀였든가, 세속 이름도 법명도 버리고
내가 잡은 짐승 가죽으로 외투 깁던 아내여

일본군은 사냥꾼들이 무서워 회유를 시작했고
용서할 수 없는 자 일진회 간부 임재덕과
옛 한국군 참령이었던 앞잡이 김원홍이
삼수갑산에 진을 치고 잡아들인 아내와 아들
험한 산속을 앞마당처럼 휘젓는
명포수 호랑이 사냥꾼들을 옥조이려고
남편에게 협박과 포상의 편지를 쓰게 했지만

겉으론 옅은 가락의 아내도 뼛속까지 독립투사
동족인 매국노 토벌대를 꾸짖었다
계집이나 사나이나, 영웅호걸이라도 실 낱 목숨
나는 아니 쓴다 죽어도 아니 쓴다
순둥이 여자독립군에게 쏟아진 채찍질
살이 저미고 흥건한 피가 등을 적셔도
이눔들아 내 편지에 흔들릴 홍범도가 아니다
개마고원에 아리랑 연가 우수수 떨어지는 날
아내의 아픈 젊음은 진혼곡을 따라갔다

소년 독립군

아들아
나와 함께 가자
저 밀려오는 적들을 향하여
총칼 들고 함성 지르며 가자

천하제일 영웅 충무공 이순신 아들들
독립의 구국 영웅 김구 선생 아들들도
죽음으로 나라 지킨 뜨거운 투사였나니
범을 잡던 사냥꾼에서 침략자를 쏘는
애비와 독립군들 어깨를 나란히
아들아 열여섯 소년 독립군 아들아
청산을 넘어서 광야를 가로질러 가자

너와 나는 힘껏 싸웠다
함흥 신성리전투 통패장골 쇠점거리 전투
하남 안장터전투 갑산 간평전투 구름을령전투
괴통병 어구전투 동사다랏치 금광전투
아아 너를 떠나보내던 정평 바맥이전투
어느새 중대장이 되어 선봉에서 이끌던
신록이 피어나는 오월의 정오 꽃처럼 지던
내 사랑 홍양순 내 가슴에 바위무덤아

민족 독립의 한과 너의 복수를 위하여
십리 밖 먼 일본군도 내 눈엔 가까운 멧돼지
너에게 선물로 줄 적들을 꿰어 차고
낙엽 지는 날 네 곁에 가리니
고이 잠들라 홍범도 아들 소년 독립군아

홍범도 마지막 노래

얼레 얼레 다왔네
설레 설레 끝났네
삼수갑산 지나 개마고원까지
장총 한 자루 메고 산 넘고 강 건너
외로웠지만 가야만 했던 홍범도의 길

봉오동에서 청산리까지 승리의 대첩
압록강 두만강 건너 백두산 사람들
나라 위해 싸우던 독립군의 눈물을 보았는가
전투를 먹고 전투를 입고
추운 숲속에서 전투를 베고 잠들던
독립군 시린 꿈을 들었는가

나 아니면 누가 적들에 맞서고
나 아니면 누가 광복열차 기관사 되어
저 거친 광야를 달리며 기적소리 울릴까
우리 조국은 우리가 찾고 지켜야 하네
우리 겨레는 우리가 이어가야 하네

중국도 러시아도 우리를 도울 수 없고
우리의 동족 북한은 무서운 공산당 집단
섬나라 일본 영원히 마음 놓을 수 없는 숙적
안중근의 권총, 유관순의 태극기
아, 윤봉길의 물통폭탄을 챙겨야 한다
김좌진의 칼, 홍범도의 사냥총도 꼭 필요하지만
그보다 더 중요한 민족정신을 세워야 한다

육군사관학교

육사야 고맙다
아니 육사 교장아 고맙다
아니아니 덜떨어진 국방장관아
일본을 못 섬겨 안달이 난 정부수반과
고만고만한 뒷잡이들아 고맙다

하마터면 잊을 뻔 했다
홍범도 김좌진 지청천 이범석 이회영
민족을 구한 전설 같은 영웅들을
육사에 그분들의 흉상이 있었는지
아니 그분들의 뜨거운 나라사랑
아니아니 천만년 이어지는 대한의 정신을
새삼스럽게 일깨워줘서 고맙다

그래 실컷 깨부수어라
너희들이 침략자 일본의 앞잡이 되어
다시 나라 팔아먹는 매국노가 되고
역사에 길이 남을 밀정임을 감수하며
그동안 숨겨온 친일파 족속을 드러내어
독립영웅을 가슴에 안겨줘서 고맙다

우리가 고맙긴 하지만 걱정이다
너희는 후손한테 뭐라고 할건데
다 같이 일본에 가서 살자고 할건가
아예 이름 지우고 호적을 파버릴건가

그래도 대한민국 육군사관학교여
이 땅의 신독립군으로 거듭나서
진정한 호국 별들로 영원히 빛나거라

외로움이 아프다

그리움이 섧다
독립의 변방 크즐오르다에서
고려극장 경비원으로 하루를 시작하고
먼저 떠난 아내와 두 아들
북만주 산천을 함께 누비며 싸우던 동지들
그리움으로 석양을 맞이하는 저녁
내 고국에 돌아갈 날 가슴앓이로 기다리며
홀로 기울이던 술잔에도 입맛을 잃었다
외로움이 아프다
백두대간 첫 줄기를 누비며 호랑이 잡던 총
두만강을 넘나들며 일본군을 쏘던 총
만주 벌판을 달리며 독립을 향해 울리던 총
가늠자 방아쇠뭉치 뜯겨진 개머리판도
눈물에서 묻어나는 소금기로 녹이 슬었다
광복된 내 나라에서 일 년만 살고 싶다
아니 한 달만이라도 살다 죽고 싶다
아니다 그것도 욕심이다
단 하루만이라도 외로움을 놓고 싶다
오늘도 머나먼 그리움 강물에서 헤엄치다

외로움의 염료에 온몸을 붉게 염색하면
나라와 남편 위해 목숨 바친 착한 아내여
나라와 아버지 위해 죽어간 용감한 아들아
나만 살아있는 그리움이 아프다

역사의 길가에

역사가 걷는 길가에 사람이 서있다
단군 때부터 홍익인간의 짐을 지고
줄을 잇고 대를 이어 서있는 사람들
나라를 지킨 장수 을지문덕 강감찬 양만춘
불의에 굴하지 않던 정몽주 성삼문 충신과
한글을 만들던 어진 임금 세종대왕
역사의 길가에 꽃이 피고 바람 불고 눈 비 내려
따슴 보다 언제나 춥고 아렸던 민초들

그 역사가 흐르며 영웅들이 나타났다
일본에게 점령당하여 아주 속국이 될 위기에
이순신 구국의 반격이 시작되었고
간웅과 바보 임금이 펼친 죽음 끝 백의종군
충무공 목숨으로 나라는 지켜냈지만
백성은 눈물과 한숨으로 지새운 세월

고난의 역사는 길을 재촉했고
일본은 칠백 열 네 번 째 침략을 재촉했다
빼앗긴 나라 바다도 산도 하늘도 없는데
분연히 나타나 선혈로 나라 지킨 순국영웅들
그 이름만 들어도 거룩하여라
독립삼남매 안중근 유관순 윤봉길
김구 김좌진 안창호 윤동주 수많은 독립투사들
역사의 길가에서 피 묻은 손 흔들 때
서러운 국민들은 시린 눈물로 화답했는데

지금은 역사의 길가에 의인이 필요하다
홍범도와 독립영웅 동상마저 부수려는
매국노 밀정 앞잡이 아직도 수두룩
그들을 역사에서 몰아낼 영웅을 기다린다

전야(前夜)

내일 죽음을 맞는 사람은 그 전날 밤
잘못한 일을 후회하거나
남길만한 것들을 알려주기도 하고
유언에 빗대어 마지막 진실을 내려놓는데
나라 위해 늘 가슴 태우던 홍범도 장군
평생 입었던 낡은 군복을 벗어 놓았다
머나먼 카자흐스탄 크즐오르다 변방에서
같은 아픔 같은 한을 품고 떠난
뤼순감옥 안중근 서대문감옥 유관순
오사카감옥 윤봉길 독립삼남매와
대낮 공산당 총탄이 서럽던 김좌진
독립을 못보고 떠난 비운의 안창호
후쿠오카감옥 창 틈 별을 헤던 윤동주
광복은 넘었지만 통일을 넘지 못한 김구
북으로 끌려가다 지쳐 쓰러진 김규식
오오 눈물 속에 숨겨간 수천수만 독립투사들
그분들 전야는 눈부신 나라사랑 몸짓
못다 부른 대한나라 뜨거운 노래
당신은 죽음 전야에 무엇을 하고 싶은가

나는 님들 계신 나라에 가져갈 시 구절
정성껏 한 글자씩 보자기에 싸고 있을 것이다
눈물 흘리지 않는 시인의 마지막 밤에

삼수갑산 갑세

희망은 언제나 사람에게서 오는 것
금강산 일만 이천 봉 푸른 봉우리 아래
산새 소리로 눈망울 씻기던 절간
시리도록 깎은 머리 달빛 머금던
어린 여승이 도둑사랑에 눈떠가는 저녁
파계가 시작된 불목하니 넓은 어깨로
고단한 운명의 구국 바랭이 들쳐 메고
삼수갑산 신혼 길 내달리던 홍범도
어디에 있어도 별빛이 되는 아내여

삼수갑산을 가보셨음둥
삼수갑산 삼수갑산 정말 가보셨음둥

절망도 언제나 사람에게서 오는 것
나라를 침략하고 아내와 눈물을 침략한
사람 아닌 사람새끼 못된 짐승아
삼수갑산 터전 빼앗고 사랑도 빼앗았네
범과 곰을 명중하던 내 총알을 받아라

두만강 건너 백두산 넘어 땅 끝까지
북간도에서 연해수 짐승 삽듯 쏘리라
봉오동 청산리에서 전투하듯 쏘리라

삼수갑산을 가보겠음둥
삼수갑산 삼수갑산 함께 가보겠음둥

이젠 희망이나 절망 문제 아니라
사느냐 죽느냐의 절실한 현실
나에게 무슨 공산당 사상이나 이념
중국이나 러시아 쩛고 까부는 정치가
내 나라 내 아내 찾는 일념만 하겠느냐
하룻밤 아니 마주친 적도 없는 네가
매국노 친일파 밀정 앞잡이 아니거든
사랑 찾아 삼수갑산 가는 길 막지마라
못된 짐승 쏘던 내 총구 제발 막지마라

백두산 홍범도

백두산 밀림 속에 홍범도가 울고있었다
쪼그려 앉아 서럽게 울고 있는 등 뒤쪽
낡은 옷 구멍 난 모자로 바람이 지나고
헤어진 군화 속으로 풀과 흙이 들어찼다

지난 해 이맘때 백두산 갈 적에
자리는 조금 다르지만 밀림에서 울던 그가
왜 아직도 울고 있는지 물었다
두만강 가 어두운 별빛에 젖은 눈동자로
돌아갈 곳이 없다고 했다

몇 해 전 카자흐스탄 크즐오르다에 찾아와
독립에 한 맺힌 나를 대전현충원으로 옮기더니
통치자가 바뀌었다고 나를 깨부순다 해서
그리운 봉오동 청산리 숲으로 돌아왔다며
내가 왜 빨치산 공산당이냐
더러운 앞잡이 밀정 매국노 토속왜구들아

나 돌아가지 않을란다
일본이 멸망하고 친일파가 쓰러지는 날까지
남북통일 되어 빼앗긴 백두산을 되찾을 때까지
북간도 산속에 묻힌 독립군 뼈를 지키며
대한의 풀뿌리인 어린이와 젊은이들에게
지금은 총이 아니라 정신으로 무장하거라
오염된 권력과 거짓에 항거하거라
목이 터지도록 외치고 있을란다

한지성 시집

光復軍 印緬戰區工作隊
隊長 韓志成 生家터
(1912. 7. 17 ~ ?)

주소: 경상북도 성주군 가천면 창천리 509

조국의 별 한지성

일본에게 나라를 빼앗겨 캄캄한 세상
달구벌에서 솟아오른 샛별 하나가
조국의 밤하늘을 지키는 고운별들 속에서
지금은 광복 되어 축복이 머무는 곳
경북 성주군 가천면 창천동 509번지
젊은 영웅이 살던 옛집을 비추고 있습니다

우리 귀에 조금은 생소한 인면전구공작대
일본의 침략 야욕이 하늘을 찌르던
하여 찔린 하늘이 괘씸한 일본을 노려보던 때
빼앗긴 나라 30년을 울부짖는 조국을 위하여
특별한 사명을 띠고 파견된 최초의 해외파병
한지성대장이 이끄는 특수공작대 였습니다

인도 미얀마 접경 임팔 죽음의 전선에서
한국광복군 소속 아홉 영재 투사들은
능숙한 영어 일본어 외에 굳건한 신념으로
연합군의 일원인 영국군과 연합하여
정보수집 선무방송 포로심문 문서해독
일본의 2차 대전 무력화에 앞장섰습니다

열대우림 험준한 산악 늪지를 누비며
위기에 처한 영국군 17사단을 구출하고
고지대 대적방송으로 일본군 완전 철수
사전 정보분석으로 적군을 궤멸시키며
2년 동안 숱한 전장을 넘나든 것은
독립을 향한 뜨거운 눈물 이었습니다

소년 시절부터 나라사랑 꿈을 키워
대구공립상업학교를 졸업하고 중국 망명
중국국민당 중앙정치학교 난문을 통과하여
조선의용대 대한민국 임시정부 중견간부
마침내 선전부대 대장으로 아시아 전투에서
자유와 평화 위에 빛나는 별이 되었습니다

훤칠한 용모와 다정다감한 인간성은
안금생과 결혼하여 안중근 의사 조카사위
김구 선생과도 혼인의 인맥이 형성되고
세계평화를 위해 용감하게 싸운 공로가
영국 국왕으로부터 훈장을 수여 받아서
독립운동사 푸른 역사에 숨 쉬고 있습니다

별의 눈물

조국의 밤하늘이 왜 빛나는지 아는가
애국선열들이 등불을 켜기 때문인데
크고 작게 점등하는 오색별들 중에서
은하수 강가 바람 부는 북쪽 언덕 아래
큰 별 하나가 눈물 호롱을 켜고 있다

독립운동사에서 유일하고 특별하게
해외에 파병되어 빛나는 전과를 올리고도
건국훈장 896명에 들지도 못하고
공훈마저 빼앗긴 허깨비 취급받는
인면전구공작대를 이끌었던 한지성대장

고향 땅 성주군 가천면 창천동 509번지
태어난 집도 송두리째 무너져 내리고
어릴 적 할아버지 말씀에 귀 기울이던
모진 세월 한쪽으로만 가지가 휘어진
늙어버린 소나무들은 아직 기억하고 있을까

한국광복군 추상같은 명령을 받들어
열대우림 죽음의 전선을 넘나든 것은
피 끓는 나라사랑 뜨거운 님의 노래여
그에겐 목숨도 청춘도 아깝지 않았고
인생의 목표는 오직 조국의 독립이었는데

책상머리 사무적인 붓끝에서 되돌아온
독립훈장 청원서를 부여잡고 오열하는
기동 춘영 석동 춘희 옥동 창동 조카를 보며
울지 않으려고 참았던 영웅의 눈물이
이웃한 별들의 눈시울까지 적시고 있다

성주에 가면

별의 고장 성주에 가면
노오랗고 다정한 친구 같은 과일
성주참외가 있지
꿀처럼 달고 만나처럼 맛있어
전국 참외 칠 할을 자리매김 하여
부농의 꿈을 이루어 준
미인도 그림 같이 잘 생긴
성주군 자랑 성주 참외

별의 고장 성주에 가면
어두운 조국 밤하늘을 밝히는
큰 별 하나 있지
참외밭을 지나 가천면 창천동에
한국광복군 특명으로 해외파병 되어
해방의 날까지 인도 접경에서 싸우던
영국 국왕으로부터 훈장을 받은
성주의 보물 한지성대장

별의 고장 성주에 가면
동글 길쭉 참외를 골라
홈 패인 마디마디 내려 깎아서
아삭거리는 참외과자 먹고 나면
꼭 들러야 할 곳이 있지
조국 위해 싸우던 영웅의 고향집
잡초 우거진 빈 터를 찾아서
옷깃 여며 들어야 할 구국의 교훈

영웅생가에서 하룻밤

독립투사 생가에서 하룻밤을 지냈네
참외 맛 향이 들녘마다 웅성웅성 모여 있는
가야산 아래 별고을이라 이름 한 성주에서도
별빛이 뭉텅이로 쏟아지는 한지성대장 옛집
뒤란 늙은 소나무 사이로 바람 스치는 소리
설 잠 속에서 내 영혼 시간여행을 떠났네

한국광복군으로 임시정부에서 창군된 국군
첫 해외파병 임무 인면전구공작대
연합군으로 세계와 어깨를 나란히 하고
한지성대장이 이끄는 유능한 9인의 전사
인도 버마전투에서 눈부신 활약이 펼쳐지고

선교사로 한국말에 능통한 연락장교
캐나다인으로 대한민국 건국훈장 애족장을 받은
한국인의 벗 롤런드 클린턴 베이컨 대위여
버마전선 이라와디 전투에서 전사했지만
대한의 영웅들과 함께 큰 공을 세웠네

고향을 떠나 중국에서 강도 높은 훈련을 받고
젊은 목숨 대한독립에 바치려고 길을 떠나
무정한 전선 숨 막히는 전투 9인의 특공대는
고립되어 삶을 포기한 영국군 17사단 장병들
포로심문 암호해독하다 탈출로를 발견
영국 병사들을 부모 품으로 돌려보냈네

영웅생가에서 산새소리에 깨어난 아침
내 영혼도 시간여행에서 서둘러 돌아와
대한민국을 이끌고 갈 젊은이들에게
한지성대장 뜨거운 무용담을 전하고 있었네

별은 빛나고

서방님
아직 우리에게 익숙하지 않은 땅
인도와 미얀마 불타는 전선
이 밤도 뇌성처럼 울리는 총소리에
땀처럼 흘러내리는 긴장의 끈을 잡고
적군의 암호를 해독하고 있는지요

무사귀환 빌며 두 손 모은 아내의 기도
당신을 위해 기도합니다
한국광복군으로 파병된 9인의 특공대
당신과 동지를 위해 기도합니다

서방님 고향은 별 뜨는 고을 성주
부모님과 형제 조카들 그리운 시간에
달무리 없는 밤도 님 생각에 잠 못 드는
살아있는 망부석 안금생도 기억하세요

서방님은 우리 가문처럼 뼛속 깊이 독립투사
할머니 조마리아 아들 독립군 삼형제
큰 아버지 안중근 작은 아버지 안정근
울 아버지 안공근도 호랑이 독립투사
당신의 부대원 안원생도 저와는 사촌지간

서방님과 중경에서 결혼식 올리고
다시 전선으로 떠나보낸 신혼의 사랑
미지의 땅 인도 캘커타로 당신을 찾아가서
내 사랑 가까이 빛나는 별을 바라보며
꼭 찾아올 독립의 그날을 기도하렵니다

별밭에서

그리운 삼촌
여덟 조카 중에서 여섯째 춘희예요
삼촌이 그리워 눈물짓는 수산나예요
새벽마다 성당에서 묵주기도 올리고
별밭 길을 걸어 돌아올 때면
삼촌이 하늘에서 내려다보실 것 같아
새벽별 올려다보며 손 흔드는 조카예요

석동 오빠 계시는 성주 창천에 갈 때마다
구국의 영웅 한지성 대장 태어난 고향집
밤에 내려온 별들이 낮에도 서성이고
잘생긴 외모와 다정다감한 마음씨
결연히 독립투사의 길을 걸으신 정신과 용기
삼촌 음성이 들려와서 흠칫 흠칫 놀라요

옥동 창동 동생 삼촌 일에 열 일 제치고 찾아와
형제들과 어울려 삼촌 그리움에 목 메인 시간들
삼촌 기념사업회 주관 학술대회 추모행사
독립운동 자료집 발간으로 예를 갖춰도
보고픔의 허기는 채워지지 않아서
왜 성주가 별들의 고향인지 되묻는
최초 해외파병 독립군 조카 수산나예요

고희를 넘긴 저도 언젠가 별나라 가면
소녀처럼 와락 삼촌 품에 안기고
은하강에 노을 지는 저녁별이 빛날 때
주님께 경배하고픈 한춘희 수산나예요

별빛 아래서

친구여
하늘에 있는 별나라 말고
땅에 있는 별나라를 들어본 일이 있으신가
참외향기가 천리를 가는 성주(星州)
나라사랑 향기가 만리를 가는 별의 고장
별빛 아래서는 진실이 드러나기 마련
용감한 사람은 별 곁에 있고
비겁한 사람은 그늘에서 사는 법
별땅 별나라에 별 같은 사람 없고
그늘 같은 사람만 있으면 안 되는 법
빼앗긴 별땅에서 태어나
빼앗긴 별나라 찾으러 떠난 젊은이가 있었고
대구에서 중국을 거쳐 버마 전선까지
그런 대한나라 젊은이가 스타 아닌가
추한 인생을 살면서 한주먹꺼리 인기로
스타 대스타 톱스타라고 불리는 사람 중
몇몇 빼고는 형편없는 거짓 스타들
나라는 안중에도 없는 욕망의 노예들을
이제는 반기지도 위하지도 말자

묵묵히 맡은 소임에 충실한 대다수 사람들
한지성대장 닮은 진정한 스타 아닌가
아직도 별빛 세상이 필요한 이유

파송의 노래

한국광복군 거룩한 이름으로
먼 길을 떠나는 젊은이여
조국의 독립을 가슴에 품고
광복의 염원을 어깨에 짊어지고
두 눈엔 민족과 동포 사랑 가득
두 손엔 용기와 신념 소망 가득
인도와 버마 험한 전쟁터로 떠나는
인면전구공작대 한지성대장과
대한나라 9인의 영재들이여
그대에게 하나님의 축복이 있으리

침략자 일본이 깨뜨린 동양평화
그대들을 기다리는 것은 죽음의 전선
주님의 은총이 언제나 보호하리라
가족들의 눈물 기도가 함께하리라
총탄이 빗겨가고 포탄이 피해가는
대한나라 최초의 해외파병이여
연합군과 합동작전으로 적을 무찌름은
아시아를 넘어 세계평화를 찾는 여정
민족과 동포 지키는 목숨 건 사투

살아서 돌아오라!
이천만 겨레가 애타게 기다리는
태극기 품속 무궁화 꽃밭으로
이기고 돌아오라!
미지의 땅 불타는 전선으로 향하는
대한의 젊은이여 구국의 영웅이여

꿈속의 귀향

내 고향은 별빛 아름다운 성주
손을 뻗으면 별이 만져지고
입술을 오므리면 별이 입맞춤 하는 곳
내 꿈은 날마다 고향 찾아가는 꿈

맑은 냇물에 송사리 쉬리 불거지 놀면
앞산 뒷산 송홧가루 날리는 봄
집집마다 여럿인 가시내들 까르륵 웃음
별까지 닿아 별빛도 웃으며 내려오고

가야산 빨리 달리기 내기하던 머스마들은
달구벌 학창시절 함께 공부하던 친구들
빼앗긴 나라 찾으러 중국으로 떠날 때
눈물 묻은 손수건 서럽게 흔들던 사람들

고만고만 조카들 어른 되어 고향에 모여
늙수레한 눈동자로 늙은 소나무 바라보는 곳
샛노란 참외 어루만지는 푸른 별빛처럼
내 꿈은 낮에도 고향에 가는 꿈

한지성대장기념사업회

우리나라처럼 기념사업회가 많은 나라가
이 세상에 또 있을까
그것은 무조건 기네스북에 올려야 한다
얼마나 기념할 분들이 많으면 그럴까
얼마나 아픈 역사가 있으면 그럴까
모두 이웃 섬나라로 하여 목숨 바친 투사들
아직도 수백 수천 기념사업회가 있어야 한다
더 이상 추모의 눈물이 마르기 전에

인면전구공작대 해외파병 9인의 결사대
뜨거운 애국심과 피 끓는 젊음 고도의 훈련으로
한국광복군에서 인정한 한지성대장
용감한 대원을 이끌고 일본군을 물리친
인도 미얀마 불타는 전선은 영웅들의 전쟁터
영국군을 구하고 여왕님께 받은 영웅패

마땅히 높이고 확실히 기려야 한다
한지성기념사업회에 삼촌 그리워하는 조카들
석동 춘희 옥동 창동, 별이 된 이름 외쳐 부르며
지원 없는 정부를 대신해서 발로 뛰고
광복회 어르신 저명한 학자들 뜻 깊은 신부님
팔 걷고 나서며 많은 행사 이어질 때
나그네라 쓰고 겨레시인이라 읽는 시인도
가슴에 쌓인 눈물을 풀어 놓았다

날마다 발전하고 해마다 높아지기를
대한민국 독립투쟁사에 그어진 굵은 줄
오래토록 푸른 역사에 기억되기를 소망한다

우사 김규식 시집

만포진의 눈보라

눈보라치는 압록강 변 만포진 산골짝
언 땅을 파헤치는 곡괭이 뾰족한 땅속에
아픔과 배고픔으로 깡마른 주검을 눕혔는데
차마 감지 못한 눈동자에 타오르는 불꽃은
조국과 통일이라는 두 줄기 글불 이었다

이놈들아 조금만 쉬었다 가자
누더기 걸친 인민군 병사를 불러 세우던
외교관 선구자 예언가 시인 교수 독립영웅
피할 수도 있었지만 통일을 그리던 김규식은
가을부터 겨울까지 북으로 끌려가고 있었다

빼앗긴 나라 되찾기 위해 평생을 바쳤고
영어 중국어 일어 불어 독어 라틴어 인도어
능통한 세계의 언어를 독립에게 주었고
두 아내와 자식들까지 조국에게 드렸는데
남은 것은 영토 끝에 내몰린 쓸쓸한 죽음

멈춰다오 눈보라, 국경을 불어가는 바람아
필부도 가고 영웅도 가는 마지막 길이라면
매국노 밀정 앞잡이들은 활개 치며 사는데
의로운 목숨은 꼭 십자가를 져야하는가
민족의 배반자여 비겁한 웃음 멈추어 다오

1950년 12월 10일 별오동 차가운 마루에는
칠순 노신사 가슴에서 꺼낸 태극기 한 장
함께 잡혀온 시자가 움켜쥔 시린 손등으로
매헌 도산 몽양과 작년에 암살당한 백범
먼저 떠난 조국의 별들이 쏟아져 내렸다

속 정읍사

내 남편 우사는 장돌뱅이 독립외교관
달아 둥근 달아 하늘 높이 떠올라
프랑스 영국 유럽천지를 비추어다오
일본 방해꾼들이 앞을 가로막아도
강한 열방들이 문전박대하더라도
다리 풀리고 마음 약해지지 않도록
별아 별들아 세상천지 비추어다오
날 더러 어떻게 하라구 아아 어쩌라구
어긔야 어강됴리 아으 다롱디리

신혼살이 정붙임도 다하지 못하고
삼천리 방방곡곡 삼일운동 준비시키려고
인도양을 가르는 배를 타고 떠난 사람
태평양 바라보며 망부석이 되어 가는데
님이여 무사히 내 품으로 돌아오소서
어떡해 사무치는 그리움 어떡하면 좋아
어긔야 어강됴리 아으 다롱디리

님이여 근심걱정일랑 내려놓아요
진데 마른데 다니시며 태극기 흔들 때마다
내 사랑이 밤낮없이 당신을 지키리니
조국이 독립되는 광복의 그날까지
우리 손잡고 함께 그길을 가요
적들은 햇살아래 이슬처럼 물러가리라
연인아 숨 막혀 오는 그리움 언제까지
어긔야 어강됴리 아으 다롱디리

새 물결 흐르다

조국의 푸른 정신 3.1운동의 시작은
봄이 오는 길목 탑골공원의 함성보다 먼저
추운 겨울 이방의 나라에서 싹트고 있었다

한국에서 자라나 미국에서 공부를 마친
젊은 영재 우사 김규식은 중국으로 건너가
빼앗긴 나라를 되찾을 준비를 하고 있었고
윌슨의 민족자결주의 14조항 강령에 따라
출렁이는 식민지들 독립의 꿈이 무르익어
파리강화회의 신한청년당 대표로 선출되면서
작은 단체보다 전 국민의 호응이 필요 했다

슬픔과 울분이 두개골을 파고드는 국내엔
고종황제의 갑작스런 죽음의 안개 속에서
일제의 독살설로 민심이 술렁이기 시작했고
중국 동지들이 전한 특사 파견 소식은
종교지도자를 중심으로 큰일에 불을 붙였다

국부의 장례식인 인산일에 도모할 거사를
일본의 허점을 노려 이틀을 앞당겼고
1919년 3월1일 타오른 만세운동 불씨는
전국을 애국의 죽음마당으로 휘몰아갔다

밀사나 특사가 아닌 대한민국 외교관으로
당당하게 프랑스에 입성한 김규식 대표는
창자 뼛속까지 알알이 새겨진 삼일정신으로
일제의 방해와 열국의 냉대에 맞서 싸우며
천하에 독립의 새 물결을 흘려보내고 있었다

우사 시편

내가 조국의 독립 영웅을 쓰는 것은
성인에 버금가는 활약과 위상보다도
그 분들 무용담이나 극적인 명장면보다도
조국의 아픈 가슴 만지기 위함 입니다

내 글 솜씨를 뽐내는 시시함 이라든가
무슨 큰일을 한다는 자존감이 아니라
지금 살고 있는 세상에서 꼭 필요한
나라사랑을 깊이 들여다보는 일입니다

평생을 독립을 위해 바친 영웅 중에
특이한 경력과 투쟁을 이어온 김규식박사
고아 아닌 고아에서 최고의 석학이 되었고
냉철하고 뛰어난 외교관이었던 우사선생

전 세계의 움직임을 손바닥 안에 가두고
예언대로 맞아가는 놀라운 예지의 초능력
그러나 자신의 죽음을 꿰뚫지 못한 것은
조국과 통일이 가슴에 사무친 까닭입니다

부부가 함께 독립에 헌신한 유공자였지만
분단의 거센 눈보라 온몸으로 쓸어안고
스스로 통일의 무궁화 한그루 되어가던
겨레의 넋을 흠모하며 위안하고 싶습니다

여고 동창생

한번만 그네를 밀어 주오, 순애여
우리는 꿈 많은 시절 여고동창생
정신여학교 교정 추억의 그네를 밀듯이
내 마지막 슬픈 그네를 밀어 주오
하늘로 오르면 내려오지 못할 그넷줄을

어쩌면 우리는 쌍둥이처럼 닮은 북두칠성
나보다 먼저 북극성을 바라보았던 그대여
그 북극성은 나의 남편이 되었지만
나 조은수 짧은 생애의 별은 지고
샛별처럼 그대 김순애의 별이 떠오르리니
내 대신 사랑의 길 동행하여 주오

그대 오라버니는 치치하얼의 영웅 김필순
형부인 신한청년당 임시정부 간부 서병호도
내 남편 김규식과 생사를 나누는 동지
새문안교회에서 영적으로 뭉친 형제였고
중국 몽골을 넘나들며 독립위해 싸웠나니
두 사람 부부인연은 조국의 뜻이어라

순애여, 영원으로 가는 그네를 밀어 주오
광복의 날까지 사랑하며 함께 적과 싸우고
북두칠성에서 북극성 은하길 열고 싶었는데
이젠 그대가 운명 같은 밧줄을 밀어 주오
별나라 이르면 다시는 풀지 못할 그넷줄을

아내가 만든 태극기

아내가 만든 태극기를 들고 돌아왔다
조국을 떠나 30년이 넘는 세월동안
상해에서 유럽 만주 몽골로 떠돌며
독립을 위해 동지들과 함께 투쟁하다가
광복호에 승선하여 꿈꾸던 나라로 돌아왔다

1월에 결혼한 우리는 2월에 헤어졌었다
신혼의 달콤한 밀어보다 조국이 먼저였고
불타오르는 삼월을 맞이하기 위하여
나는 파리강화회의 특명을 안고 프랑스로
아내는 3.1운동 밀사로 서울에 잠입했다

아내는 태극기 만드는 선수가 되었다
상해에 조직한 한국애국부인회를 이끌며
임시정부와 독립투사들에게 힘을 보태고
대한적십자 중요인사로 분주한 시간에도
태극기를 만들어 동지들 옷깃에 여며주었다

사람들은 말 한다 부부독립운동가라고
애국지사 가정에서 교육을 받은 아내는
내가 영육 간에 힘들 때마다 일으켜주었고
강한 어머니로 자녀를 대나무처럼 기르며
자유와 민주 인권을 일찍부터 가르쳤다

우리는 또 헤어져 다시는 만나지 못했다
두 동강 난 조국처럼 갈라진 우리 사랑
북으로 끌려가며 따라오지 말라는 남편에게
밤새 만든 태극기 품속에 넣어주며 부르던
아내의 한 맺힌 이별가만 압록강을 울었다

파란 눈의 어머니

어머니
그 사랑은 국경을 넘고
끝내 세계 인류를 넘는 건가요

나에겐 두 어머니가 계십니다
나를 낳으시고 다섯 살 때 돌아가신
까만 눈의 어머니 이씨부인
나를 치료하고 기르고 가르치신
파만 눈의 어머니 릴리어스 언더우드부인

어머니
그 사랑은 바다를 거너
끝내 피안의 대륙에 다다르는 가요

파란 눈의 어머니는 의사 어머니
죽어가는 나를 데려다 살리시고
고아 아닌 고아를 먹이고 입히시며
친부를 찾아 가출했어도 용서하신 어머니
파란 눈의 어머니는 천사 어머니
나의 아버지 언더우드 선교사를 부추겨
당신의 나라 로아노크 대학에 보내주시고
프린스턴 대학원까지 원 없이 공부시켜
식민지 까막눈 소년을 석학으로 다듬어
그 재능 빼앗긴 조국에 쓰라며 등 떠밀던
모성애의 전설로 남으신 어머니

어머니
그 사랑은 하늘에 올라
끝내 영혼의 구원을 이루는 가요

겨레의 영원한 외교관

구걸하는 외교관을 본 일이 있으신가
프랑스 파리에 동방의 힘없는 나라에서
8개 국어에 능통한 사나이가 찾아들었다
마른 체격에 긴장감이 흐르는 냉철한 얼굴
우사 김규식 아, 빼앗긴 나라의 밀사여
끊임없이 조여 오는 일경 탐조등을 피하여
자로 잰 듯 정확한 비밀 외교가 시작되고
세상은 조금씩 조국민국 아픔을 공감했다

중국 임시정부에 몸담은 오랜 세월 동안
10년 넘게 빛바랜 태극기를 가슴에 품고
구라파 몽골 여러 나라 국경을 넘나들며
지구 밖을 떠도는 세계의 미아가 된 외교관

아무리 유구한 역사를 자랑한다 해도
나라를 빼앗기고 나면 아무 소용이 없어
침략자의 식민지에서 노예 되어 팔려가고
열방의 천덕꾸러기로 발길에 차여 울기에
망국의 당파싸움은 이제 그만 멈추라고
하늘에 탑보다 높은 광복제단 피로 쌓고
하나 뿐인 목숨을 제물로 바친 사람들

다시 해방된 나라 통일을 구걸하던 외교관
세계 석학과 견주어도 우수한 김규식박사
북으로 납치되어 가던 마지막 순간에도
광복은 왔지만 통일독립을 못 이룬 슬픔에
여윈 손을 들어 삼팔선을 손짓하고 있었다

미래로의 항해

자 떠나자, 지구를 반 바퀴 도는 행해를
신혼의 아내 눈망울이 배따라기를 부르고
빼앗긴 나라 서러움이 파도처럼 몰려오는데
조국의 운명을 두 어깨에 걸머지고 떠나자

상해를 출발 인도양을 거쳐 파리까지
기나긴 여정의 여객선에서 하늘을 우러르는
김중문이라는 가짜여권으로 탑승한 신사
동지 몽양이 대서양항로의 일본 위험성으로
중국 여인 정육수와 어렵게 맞바꾼 배표는
조국 독립을 위한 비장한 출사표였다

조국이 불러 강제로 맡긴 특명을 안고
미지의 세계로 떠나는 대한민국 첫 외교관
일본의 방해와 암살 위험이 늘 뒤따라서
미간에 눈 하나 뒤통수에도 큰 눈 하나
멸시와 천대 거절과 배신이 널뛰는 곳에서
파리강화회의를 겨냥 우선 사무실 얻고
각국 대사 알현과 홍보전략 문서작성 배포
목숨 건 외교 전쟁이 날마다 불을 뿜을 텐데

울지 말자, 세느강 부여잡고 울부짖지 말자
다른 나라 사람이 얼마나 우리를 돕겠는가
내 나라는 내가 투쟁하여 찾아야만 한다
언젠가 일본이 무릎 꿇을 날 있으리라
미래에는 침략의 대가를 꼭 받을 것이라고
젊은 김규식에게 파도의 약속이 들려 왔다

만국기

나는 얼빠진 만국기다
일장기와 욱일기가 삼킨 태극기
만국기에서 빠져버린 태극기를 가슴에 안고
내가 태극기 되어 만국기에 끼어들려고
파리강화회의부터 열강이 모이는 곳마다
나는 피 흘리고 서 있는 만국기다

나의 배움은 이럴 때 쓰기 위함 이었다
영어와 다른 외국어를 써먹을 때가 지금
지식과 재능을 쏟아 부을 때도 바로 지금
잃어버린 조국을 다시 찾아야만 한다고
목 놓아 울부짖는 태극기를 짊어지고
만국기에 나의 목숨을 매달아야 한다

사람들이 내가 누구인지 몰라도 괜찮다
우사며 김규식을 기억하지 않아도 된다
조상들이 대를 이어 살아온 삼천리금수강산
나에게 목숨과 그리움을 허락한 조국
고운 아내와 자식 사랑을 선물한 나라
받은 만큼 그대로 돌려주고 싶다

태극기 없는 만국기는 그냥 그림이다
태풍에도 휘날리지 않는 죽은 깃발이다
그 만국기에 생명 넣으러 먼 길을 간다
프랑스와 유럽 각처 일장기 앞을 막아도
서러운 밀사 울며 쓰러지는 이방인 되어도
만국기 빈자리에 태극기 매달러 간다

하늘 받치기

무너지는 하늘을 떠받치는 사람들
물먹은 솜이불 잔뜩 걸린 빨래 줄을
넘어질 듯 받치고 있는 바지랑대처럼
마디마디 전해지는 묵직한 통증 견디며
두 손 높이든 까치발 무게도 힘겨운데
한쪽 끝을 떠받든 우사 김규식박사
광복의 날까지 허리 구부러지지 않고
하늘을 밀어 올리며 버티고 있었다

일본 까마귀들 두 눈을 쪼아대고
발등을 줄줄이 깨물어가는 개미떼와
심장을 파고드는 조총 총알의 따끔거림
날카로운 일본도가 복부를 갈라도
턱 치켜세운 비장한 몸부림으로
한줄기 함성 독립의 광야를 흔들었다

처음에는 함께 하늘을 받치던 동지들
다른 한 쪽은 백범 김구가 버티고 있는데
어떤 이는 감옥에 끌려가서 돌아오지 않고
누구는 메마른 시체로 매달려 있고
아예 침략자를 죽이러 간 젊은이와
만세소리만 남기고 떠난 소녀도 있었다

한번 빼앗기면 다시 찾기 힘든 조국
끈질긴 겨레의 강물 같은 역사처럼
광복을 불러온 지식인 선구자 김규식
이번엔 남북으로 갈라진 하늘 떠받치다
아픈 걸음 절룩이며 하늘 길을 걸어갔다

수혈

대한민국 살아있는 사람들아
우리 모두 왼손을 걷어붙이자
오른손은 만세 부르도록 놓아두고
왼손 팔뚝 굵은 핏줄을 세워
우리의 뜨거운 피를 조국에게 수혈하자

목숨 바쳐 조국을 구한 선열들처럼
아까운 목숨까지는 바치지 말고
그분들의 거룩한 희생 숭고한 헌신으로
잘 먹고 잘 살아 남아도는 피
힘들어 쓰러져가는 조국에게 채워주자

한사람의 피가 샘물처럼 시작되어
백만의 피가 실핏줄처럼 시냇물로 흐르고
천만의 피가 삼천리 큰 강물로 넘쳐나
이윽고 7천만의 피가 한라에서 백두
동해 남해 서해 우리 바다에서 파도치면
누가 감히 우리를 얕보겠느냐

독립삼남매 안중근 유관순 윤봉길
그리고 김구 김규식 안창호 윤동주
세월을 더 거슬러 구국의 전설 이순신
별처럼 많은 독립투사 순국영웅들은
마지막 피 한 방울까지 조국에 주었는데
그들을 기억하며 한 움큼 피를 보태자

그래야만 당신이 한국인이다
조국의 땅 끝 바다까지 피가 섞여 돌 때
비로소 우리는 천만년 함께 나라 지키는
한 핏줄 한 겨레라고 불리어질 것이다

이육사 시집

대한민국 젊은이여!

대한민국 젊은이여 요즘 젊은이들이여
왜 역사를 들으려 하지 않는가
어째서 슬픈 그날을 알려 하지 않는가
무엇 때문에 아픈 죽음을 생각 하지 않는가

그럼 좋은 시 한 편 읽어보시게나
이육사 시 한 편 외워 보시게나
나라사랑 시 한 편 곱씹어 보시게나

'청포도'를 읽으며 청포도 밭을 걷고
'광야"를 읊조리며 광야를 산책하고
'절정'을 되새기며 강철 무지개를 바라보던
빼앗긴 나라 독립의 날을 두해 앞두고
허전하게 허무하게 너무도 허망하게
베이징감옥에서 별나라로 떠난 시인
하늘 두레박에 가득 눈물이 채워지면 어기영차
두레박 끈을 당기는 독립삼남매 안중근 유관순 윤봉길
하늘에 올라간 눈물은 빛나는 별이 되고

이육사 푸른 영혼이 울부짖던 그해 1월은
독립투사였던 독립시인이었던 그가 죽어
피로 물든 낮달이 뜨고 얼어 죽은 새가 울었지
젊은 시인이 그렇게 떠난 지 80년 되었건만
이 나라 젊은이여! 대한민국 젊은이들이여!
어이하여 시를 잊고 시인을 잊었나
왜 시인과 시인이 살던 나라를 사랑하지 않나

무서운 진화

빗줄기에서도 피 냄새가 났다
바람에게서도 죽음 냄새가 났다
그것들이 무섭게 진화하고 있었다

변절하지 않은 독립투사 애국지사와
결코 민족을 배반할 수 없었던
이육사처럼 죽음을 택한 몇몇 시인을
그림자까지 추적하여 쓰러뜨린 밀정들
백 년 동안 학자로 교수로 검사로 진화했다

그러다 요즘 가장 가까운 어느 날
그릇된 통치자와 부역하는 높은 직책
정부 요소요소 우리 정신 줄잡은 친일파와
홍범도를 두 번 죽이는 앞잡이들
독도를 팔아먹으려는 떼거지 밀정들
심지어 독립항쟁의 심장 독립기념관까지
단순 암세포가 아닌 오장육부 조직으로
걷잡을 수 없이 전이되고 진화했다

항생제 아니 어떤 신약도 효과 없고
칼로 째고 한꺼번에 들어내야만 하는데
그 진단만이 유일한 방법인데
아 나의 조국 대한민국 불쌍해서 어쩔꺼나

나는 누구를 죽일 수 없는 항거 미숙아
이육사처럼 속절없이 죽어가지만
나의 피가 흐르는 시어의 빗줄기는
더 진화될 밀정들을 휩쓸어 갈 것이다

폭탄공장 공장장

말 시키지 마라 바쁘다
지금은 폭탄재조 중
안중근 권총 약실에 남아 있던 총알 하나
유관순 아우내장터에 숨겨둔 태극기 한 장
윤봉길 끝내 던지지 않았던 도시락 폭탄
거기에 이육사 강철 무지개 시어를 섞어서
나 지금 아홉 개째 폭탄을 만들고 있다

책장을 열면 푸른 눈 무섭게 부릅뜨고
곧 터져버릴 듯 빛나는 여덟 개 폭탄들
거기에 이육사 한용운 시인들 서정알갱이
홍범도 최운산 한지성 대장들 투지알갱이
김규식 이회영 조소앙 이동녕 눈물알갱이
오호라 일왕을 놓친 이봉창 분노의 알갱이

내가 만든 폭탄이 폭발하기만 하면
일곱 빛깔 찬란한 불사조 한 마리
대한나라 창공을 날아오를 것이지만
내 폭탄은 파괴가 아니라 교훈으로 쏟아져

자꾸 내 이름 부르지 마라
폭탄공장 공장장은 시공장 공장장
한 개라도 더 만들고 한편이라도 더 써서
목숨 바쳐 나라 지킨 뜨거운 가슴을
책장마다 빛나게 새겨가야 한다

동아줄

한 올 한 올 실을 꼰다
한 땀 한 땀 실 줄을 저민다
한 숨 한 숨 실타래를 엮는다
하늘까지 닿으려면 칠천만 가닥

두만강 나룻배를 벼리로 힘껏 이끌어
동해로 흐르는 큰 뱃길을 열던 사람들
해금강 물 한 모금 목축이고 독도로 간다
남으로 가자 마라도로 가자 이어도로 가자
서해 먼 섬 가거도를 거쳐 백령도까지

백두산에서 무궁화 꽃지게 한 짐 지고
금강산 설악산 푸른 준령을 훌쩍 넘어
태백마루 향해 절하는 청산이야기 엿듣고
계룡산 산신 앞세워 지리산으로 간다
한라산에 이르면 꽃짐을 베고 누워보자

우리는 오천년을 이 땅에서 살아왔다
쳐들어오는 적을 골백번 물리치고
골칫거리 섬나라에게 빼앗김도 되찾고
목숨 바친 선열들 핏줄로 엮은 동아줄로
천만년 더 살아가야할 한 민족 한 겨레

이육사가 시간 없어 넘겨준 시를 시방 쓴다
무궁화꽃 꼬아 만든 꽃실로 매듭 묶고
실마다 흥건한 핏물은 염색도 필요 없어
삼천리 한 곳 빼놓지 않고 아우를 새끼줄
산맥보다 바다보다 굵은 밧줄을 꼰다

빨강 얼굴

가을을 흠뻑 뒤집어쓴 회암사지에서
아름다운 시낭송 마치고 모인 댓돌 맛집
초대된 미인 시낭송가들 가을 눈빛 속에서
공혜련 소프라노시인이 장난스레 물었다
시인님은 왜 맨날 얼굴이 붉으세요?

오늘은 가을이라 단풍들어 그렇고
겨울엔 산수유 열매 붉어져서 그렇고
봄에는 진다홍 진달래꽃 피어서 그렇고
여름엔 저녁놀 호수에 빠져서 그런거지
설마 사시사철 막걸리 때문은 아니지요

돌아오는 길 나의 거짓에 진저리 쳤다
얼굴 하얗던 젊은 날 푸른 시 쓰다가
유랑의 날들 고독에 누렇게 절여지고
순국영웅 독립투사 저항시인 만나면서
용암처럼 끓어오르는 저 핏발의 천연염색

이육사 얼굴을 닮았다면 청포도 빛
윤동주 얼굴 닮았다면 분명 하늘 빛
한용운 얼굴 닮았으면 설악 청산 빛
나는 그런 숭고한 얼굴 못 갖춘 한마디 악보
홍조 잠재우기는 이미 늦은 펄펄한 번열이여

시와 사랑 더 깊어지면 성재경 얼굴에도
이육사를 절정으로 이끌던 강철 무지개
빨.주.노.초.파.남.보에서 빨강.주황 가셔진
하늘색 바다색 빛고운 무지개 뜨겠지요

이육사 윤동주와 나 셋이서

언제부턴가 셋이 만나서 신나게 놀고 있다
풀잎에 맺힌 이슬에 얼굴도 비춰보고
눈 덮힌 들판을 팔짱걸이로 함께 걷고
낙엽을 주워 서로 옷깃에 꽂아 주다가
별이 나오면 냇가에서 대폿잔 기울였는데
우리 이야기는 시가 아닌 나라 걱정이었다

술 따르는 일은 전적으로 막내인 내 몫
잔이 철철 넘쳐도 누구 하나 막지 않았다
잔을 넘친 술은 별이 되어 흘러내렸지만
아깝다고 별을 줍지 않았다
나만 남고 어차피 별나라로 돌아갈 것을

왜놈에게 잡혀 열일곱 번 감옥을 드나들다
베이징감옥에서 별옷으로 갈아입은 육사형
왜놈에게 딱 한번 잡혀 후꾸오까감옥에서
생체실험 마루타 되어 별나라로 떠난 동주형
생활에게 잡혀 감옥에서 이십년 밥벌이 하다
응달뿐인 세상이 너무 싫어 도망쳐 나온 나

형님들은 못다 쓴 시를 내가 써야 한다며
죽을 때까지 밥 먹듯 시를 쓰며 살다가
살아서는 기립박수 없이 떠난 무대
두 분 형님도 그리했으니 나도 따라야하겠지

한을 심지로 꼬아 불을 댕기면 등불이 될까
꿈을 심지로 꼬아 불을 댕기면 꽃불이 될까
뜻을 심지로 꼬아 불을 댕기면 혼불이 될까

까불지마

까불지마
당신보다 더 존경하는 사람 있어
안.중.근

까불지마
당신보다 더 그리운 사람 있어
유.관.순

까불지마
당신보다 더 소중한 사람 있어
윤.봉.길

글 몇 줄 쓴다고 까불지마
당신보다 훨씬 글 잘 쓰고
맑은 영혼, 무제한 사랑으로 살다가
죽어서도 별이 된
내가 오직 사부로 모시는 두 분 있어
이.육.사
윤.동.주

좀 배웠다고 좀 있다고 좀 알아준다고
제발 내 앞에서 까불지마
나도 두 분 스승 따라서 갈거야
서럽고 힘들고 가난해도
양쪽 가슴에 풀별 하나씩 붙이고
결코 뒤돌아보지 않고 쭉 갈거야

헌데 내가 너무 까불어서
미.안.해

자연대학교 재학생

사람들은 국내외 일류대학에서
박사도 따고 교수도 했다고 명함 주는데
나는 아직도 자연대학교 재학생이다
벌써 삼십년 째 질리지 않는 만년 대학생
해마다 학점이 모자라 유급되었지만
씩씩하게 자연대학원 진학을 준비중이다
산科 강科 바다科 들녘科 구름科...
여러 학과가 있지만 난 주구장창 시科다

교수님도 참 많다
정규 학교에서 가르치던 선생님도 훌륭하지만
자연대학 교수들은 훨씬 진지하다
꽃 나무 별 돌 풀과 이슬 눈 비 바람
자연대학 가르침은 훨씬 엄숙하다
고독 사색 눈물 아픔 이별하는 법까지

그렇게 떠돌아도 모자라 아직 떠돌지만
새들만큼 자유로울 때까지
물고기만큼 욕심 비울 때까지
고라니 산토끼만큼 무심학문 이를 때까지
나는 영원한 자연대학 재학생

영원한 독립대학 재학생으로 살다가
하늘 독립대학원에 입학하여 떠난 이육사
내 죽는 날이 자연대학원 입학 날
그때도 교수 박사 꿈꾸지 말고
자연의 친구들과 강강술래로 살리라

고독한 날에

고독한 날은 꼭 눈이 온다
고독에 사로잡힌 날은 비가 내린다
고독에게 바칠 묵념이 떠오르지 않아
입맛도 술맛도 잃어버린 날에
강가 산 들녘에 핀 꽃도 그립지 않은 날에
앉는 것도 눕는 것도 싫어 서성이는 날에
이육사 혼이 석류 알처럼 들어찬 시를 읽는다

목마름보다 독립마름이 심했던 그가
베이징감옥 창살로 바라본 햇볕은
그렇게 기다리던 독립이 되지 못했다
오늘 독립이 오면 오늘 살 텐데
절대고독에서 벗어나는 두 가지 방법
독립 아니면 죽음, 죽음 아니면 독립
눈발에 덮이고 빗물에 쓸려가거라
나라를 잃어버리긴 너무 쉬운데
빼앗긴 나라 되찾기는 왜 이리 힘든 것이냐
몇몇 매국노 밀정 앞잡이 허깨비 춤이
얼마나 많은 독립투사 목숨을 앗아갔느냐

이육사의 고독 나의 고독
악인 하나 나타나면 따르는 악의 무리들
영혼도 양심도 정의도 악함에 내어주고
백성이 죽든 나라가 망하든 춤추는 망나니여
역사가 주는 고독을 삼키는 날 오리라

오라, 새봄이여! 민주주의여!

먼 산 어둠을 밀치고
여명이 동터 오듯이
칠흑 같은 동굴을 뚫고
민주주의가 밝아오고 있었다

사방에서 진혼곡이 들리고
악령들의 살벌한 무리춤 속에서도
누군가 하얀 손수건을 흔들며
또렷이 민주주의가 밝아오고 있었다

언제 끝날지 모르는 절망의 나날
겹겹이 옥조이는 무서운 칼날에 맞서
희망 만드는 사람들 부싯돌 불꽃으로
든든한 민주주의가 밝아오고 있었다

손을 놓으면 벼랑으로 떨어지고
옷자락 놓치면 급류에 휩쓸려 가는데
서로 부둥켜안은 눈물 가슴에
반가운 민주주의가 밝아오고 있었다

천하제일영웅 이순신을 향하여
독립삼남매 안중근 유관순 윤봉길
김구 안창호 김좌진 별같은 투사들
이육사 윤동주 혼불 자유의 빛으로

오라, 새봄이여! 민주주의여!
천사가 악마를, 정의가 불의를 끝내 이기고
꿈꾸던 새 하늘 새 땅 새사람이 오리니
나 임 마중 하는 새벽길 달려가리라

시인의 이별

옥비야 아빠 다녀오마
쇠고랑 차고 네 살 난 딸 쓰다듬던 이육사는
그 말만 믿고 기다리던 옥비에게 돌아오지 않았다
아프게 사랑했던 아내 *한볕에게도 오지 않았다
광복을 맞으러 광야를 가로질러 떠나며
도수 없는 안경 벗어놓고 자꾸만 뒤돌아보던
독립시인의 마지막 발걸음은 쇠보다 무거웠다

아빠의 옷에선 핏물이 마를 날 없었고
엄마의 눈에선 눈물이 마를 날 없었던
열일곱 번 감옥에 잡혀가 고문당하던 날들
베이징 감옥에서 원인 모르는 최후의 이별은
마흔 살 영혼에 씌워진 용수 속에서도 눈 뜨고
일인들에게 버려진 주검도 눈감지 못했는데
옥비와 광복이 보고 싶은 불꽃 그리움 이었다

이원록도 이활도 버리고 수형번호 이육사
그의 시는 별빛 같았지만 피가 스며나왔고
예쁜 딸 옥비야 조금만 더 기다리렴
아빠가 가서 목숨 선물 한아름 보내줄게
한해 지나 이듬해 옥쟁반에 청포도 담길 때
약속처럼 광복이 백마 탄 초인으로 돌아왔고
시인의 이별이 없었으면 대한나라도 없었다

*한별...이육사시인 아내는 안일양(安一陽)여사님
따라서 일양(一陽)을 성재경식으로 한별이라 쓴 이름임

한용운 시집

萬海 韓龍雲 像

독립시인들의 아버지

빼앗긴 나라 독립을 노래하던 시인들의 아버지여
더운 여름엔 부채바람 되어 땀 식혀주고
추운 겨울엔 목도리 되어 추위를 막아주던
백년 '님의 침묵' 천년 님의 함성 만해 선생님

이육사. 윤동주를 끌어안고 통곡하시다가
청산을 오르시며 가자 가자 독립의 산으로
육당. 춘원. 미당. 안서. 배반의 글쟁이들과
노천명. 모윤숙 친일여류시인을 노려보다
항해를 시작하며 가자 가자 광복의 바다로
'나룻배와 행인'으로 떠나신 한용운 선생님

정말 '알 수 없어요'
우리가 죽음 앞에서 한해만 더 살고픈 것은 소망
님께서 죽음을 놓고 한해만 더 살고픈 것은 광복
우리에게 일 년은 그냥 덤으로 사는 세월
님에게 일 년은 독립을 보고 싶었던 염원
열네 달 뒤 만세춤 한번 추고 가셨더라면
아 광복의 아침 대한의 빛을 품고 가셨더라면
'이별은 미의 창조' 그 세상에 머무셨을 텐데

독립에게만 무릎 꿇고 당신에게만 '복종'하는
평생 한결같이 당신을 '사랑하는 까닭'은
님의 품에 안기고 싶은 영원한 '나의 길'
'산에는 사다리 없고 물에는 배가 없어 길이 막혔어도'
님이여 '고통도 사랑하는 하나가 되어 주세요'

* 내용 중 따옴표는 만해 시의 제목 및 본문의 일부임

두견새는

하늘에 머리를 두고 사는 새들은
바람에 날개를 놓고 사는 새들은
목청도 몸짓도 달라서 너무 달라서
사랑의 날엔 아무도 따라올 수 없는 즐거움
이별의 날엔 누구도 생각할 수 없는 서러움

이름도 남아돌고 눈물도 넘치는 새여
시인도 얼룩지고 핏자국도 얼룩진 새여
소쩍새 접동새 두견새 소쩍다새
빼앗긴 나라 가난한 서당에 모여 울고
불여귀 귀촉도 두우 자규
나라 찾으러 일본에 유학 가서 홀로 울적에

실컷 울다가 못다 울면 피 흘려 우는 한용운 두견새는
진두강 가람가에 오랍동생 못 잊는 김소월 접동새는
이화에 월백하고 은한이 삼경인 이조년 자규는
청령포 달빛아래 그리움을 삼키던 단종 불여귀는
황진이 상사병 죽은 사내를 위한 성재경 피죽새는

모습도 울음도 다른 두견이와 소쩍이가
같은 슬픔으로 다가온 것은 잘못이 아닐게다
나라 잃은 슬픔을 님으로 끌어안은 한용운
설악 청청한 눈물이 시로 부른 노래는 아닐게다
삼십삼인 무궁화 가슴 태극기 얼굴에 사무치는
돌아갈 곳 없는 불여귀 너무 아픈 두견새여

백담사 가는 길

내설악 오르는 길목 백담사에 가보셨나요
백담계곡 백 개 물항아리로 붙여진 이름
사실은 아흔아홉 딱 하나가 모자란 데
내가 '만해연못'을 추가해 백 개를 채워도 되는지요

그대여 단풍들면 백담사에 가지마요
연못마다 피어나는 물꽃 안개꽃 사이로
낮에도 숨어있는 별빛 달빛 반짝임 따라
산불처럼 번져오는 홍단풍 청단풍 불덩어리
님을 업고 내달리는 한용운 시노래 질풍
그대 어질병으로 발자국 떼기 힘들어지고
숲에서 들려오는 홀딱벗어새 만나면 큰일

백담사 지나 소청 중청 대청마루 오를 때
오세암에서 몸 씻고 봉정암에서 마음 씻고
눈잣나무 털진달래 사랑가슴으로 돌아보면
끝청 귀떼기청 서북능선 용아장성
공룡능선 희운각 천불동 울산바위
다시 백담사 돌아오는 길 바위마다 걸린 소원
쌍용폭포 물줄기로 세상 근심 씻어내고

백담사가 설악 영기의 절반인걸 아시나요
설악의 기운이 험한 세상으로 나갈까봐
용대리 눈먼 황태 얼음 몸으로 막아서고
한용운 스님 시인 독립선구자 어르신
바람에 새기던 것은 시가 아닌 만고의 법문
훗날 무서운 독재자와 탐욕자 아내가
풍경소리에도 흠칫 놀라 설설 기던 백담사

묵언에 대하여

안중근 의사 가라사대
日日不讀書 口中生荊棘
일일불독서 구중생형극
하루라도 글을 읽지 않으면
입안에 가시가 생기고

한용운 시인 따르사대
日日不愛國 心中生雜念
일일불애국 심중생잡념
하루라도 나라사랑하지 않으면
마음에 잡념이 생기고

유관순 열사 이으사대
日日不萬歲 掌中生龜裂
일일불만세 장중생균열
하루라도 만세 외치지 않으면
손바닥에 균열이 생기고

윤봉길 의사 끝내사대
日日不獨立 頭中生混沌
일일불독립 두중생혼돈
하루라도 독립 위하지 않으면
머릿속에 혼돈이 생기고

김구 주석 외치사대
日日不鬪爭 身中生痲痺
일일불투쟁 신중생마비
하루라도 투쟁을 하지 않으면
몸 안에 마비가 생기고

성재경 나그네 울며사대
日日不作詩 魂中生魔鬼
일일불작시 혼중생마귀
하루라도 글을 쓰지 않으면
혼속에 마귀가 생기고

그곳에 그리움이 있었네

약속 약속 수없이 던져놓고서
올 가망조차 없는 당신을 기다리는 것은
복권 당첨만큼도 희망이 없는 것일까
한용운시인 광복을 기다리다 한해 먼저 떠난
그 몹쓸 일이 내게도 반복되는 것일까

기다림의 목줄을 풀고 청산을 찾아 떠난다
산모퉁이 연못에서 만해시를 읽는다
마른 꽃들의 무덤을 이고 돌아눕는 저녁
여기 말고 저기 저쪽 산비알에 가면
애타게 찾던 그리움이 있을지도 모른다며
한용운시인 마른줄기 한줌 쥐어주는데

가장 소중한 것은 늘 늑장을 부리는 것일까
당신 아니면 기다림이 없기에 부러 그러는 걸까
설악 오색이나 흘림골에서 찾지 못한 그리움
은비령 한계령 윗길 미시령 가파른 고개
내린천을 거슬러 십이선녀탕 여울에도 없어
용대리 눈먼 황태처럼 내 눈도 멀어가던 백담사

옛 가람 만해 대종사 큰스님 참중님의 꿈은
보살의 깨달음 성불도 좌탈입망도 아니었다
괘불대에 걸린 탱화는 구름의 작품이었고
법문을 설하는 야단법석은 산새들의 몫
독립과 광복만이 님이었고 사랑이었기에
나도 비루한 그리움을 이곳에 내려놓고
기다림을 선 채로 입적(入寂)시키기로 했다

1944 일기

그 해의 일기는 숨이 멎은 생명 이었다

이육사 윤동주 시인이여
한용운 시인 3.1독립선언서 서명하던 마흔 살 때
육사는 열다섯 소년, 동주는 두 살 아기

1944년 한 발짝도 이어지지 못한 일기는
이육사 마흔, 한용운 예순 다섯에 멈췄고
다섯 달 먼저 찢겨나간 이육사 일기장
한해 더 머무르던 윤동주 미완의 일기장
그렇게 기다리던 광복을 못보고 떠난
독립시인 저항시인 민족시인 한용운의 일기장

오네 오네 독립 오네
오네 오네 광복 오네
가네 가네 육사 가네
가네 가네 만해 가네
쉬네 쉬네 일년 쉬네
가네 가네 동주 가네

만해, 홍성에서 백담사 성북동 심우장까지
육사, 안동에서 중국 베이징 감옥까지
동주, 북간도에서 일본 후꾸오까감옥까지
태어나고 항거하고 시로 쓰다 떠난 마지막 일기

독립마을에 눈 내리면

무슨 풀지 못한 한이라도 쏟아놓듯이
가슴에 맺힌 설움 한꺼번에 던져놓듯이
눈발이 빵칼처럼 거리를 썰어가는 새벽
나도 숭숭 큼직큼직 썰려나갔다

누웠던 앉았던 몇 조각으로 떨어져 나가다가
눈가루에 떡고물 묻힌 울음은 이내 목이 쉬고
머리는 시로 외쳐 독립을 부르고픈 만해 시인에게
두 팔은 시로 싸워 광복으로 가고픈 육사 시인에게
두 다리는 시로 녹여 감옥을 나오고픈 동주 시인에게
한 끼라도 떡덩이처럼 던져주고 싶었다

독립마을에 눈이 내려 발목 무릎 심장을 지나
이윽고 푸른 나의 아미를 무겁게 덮을 때
한용운처럼 항거의 길에서 해탈 하고
이육사처럼 투쟁의 길에서 소망 하고
윤동주처럼 항일의 길에서 출옥 하는 꿈

지금도 밤새워 눈이 내려 쌓이고 있다
모두 하얗게 덮이고 묻힌 것 같아도
그 속엔 한 생이 눈물처럼 흘러가는데
눈 속에서도 촛불 밝히는 독립마을을 향하여
숭숭 빵칼에 잘려나가는 백설기처럼
토막토막 조각났어도 넋 빠지지 않은 정신
우리 뜨거운 심장 안고 걸어 나가자

사랑하세 천년사랑

우리는 누구나 잘하는 일이 있다
못 박는 일은 못 박아도 못 박고 잘 박아도 못 박고
시 쓰는 일은 시시해도 시 쓰고 잘 써도 시 쓰고
무궁화꽃은 한 송이도 무궁화 무궁무궁도 무궁화
꿈은 이루어져도 꿈 이루어지지 않아도 꿈이듯이

우리 누구도 잘할 수 있는 일이 있다
천년동안 쉬지 않고 사랑하는 일
천년동안 빠짐없이 그리워하는 일
천년동안 지치지 않고 기다리는 일
천년동안 나라 위해 살아가다가
아 천년동안 님을 위해 죽어가는 일
그렇게 살다가 떠난 사람이 있다
그렇게 살다가 아직도 사는 사람 있다

천년 그리움의 아버지 한용운
천년 기다림의 아버지 한용운
천년 사랑함의 아버지 한용운

독립만을 위해 시를 쓰고
독립만을 위해 도를 닦고
독립만을 위해 님을 노래하던 만해는
영원한 독립을 안고 광복 한해 전에 떠났지만
아니다 아니다 아니다
짧은 사랑에 미친 사람들 모두 죽는 날까지
차라리 완전한 광복을 기다리며 살고 있다
그렇게 우리도 누구나 따라가야 할 일이 있다

망우리 묘지에서

혼자 대한독립만세를 부르짖기 싫어
민족대표 함께 모여 독립선언서 읽을 때
탑골공원에서 학생들과 젊은이들 어울러
태극기 흔들며 외쳤더라면 좋았을 걸
태화관 요릿집에서 대표로 낭독하던 한용운
잡혀가는 발길이 너무 서러워 뒤돌아보고

외딴곳에 혼자 묻히는 것이 싫어
망우리에 그리운 사람들 어울려 묻혔는데
그때는 공동묘지 지금은 역사문화공원
태극소녀 유관순 동화청년 방정환 삼일동지 오세창
시인과 묵객 의사와 논객 학자와 과객
밤이면 도란도란 이야기 소리 들려오고

사람들이 여기저기 만든 추억관이 싫어
설악산 백담사에도 더는 깨우칠 도가 없고
남한산성 만해기념관도 딱히 미련이 없고
문학회나 시낭송대회 앵무새 낭송이나
교과서 학술지 판박이 칭송도 마땅찮아
꽃 피다가 녹음 끼다 단풍들다 눈 내리고

태조임금 근심 덜었다던 망우리 산비알
서울과 구리시 경계 쯤 별로 눈에 안 띠는
평범하게 후미진 언덕배기 몇 걸음 오르면
눈물 마르지 않는 산새에게 설법하다가
철없는 다람쥐 앉혀놓고 시를 읽어주는
고요가 잠들지 못하는 가장 소란스런 묘지

태극기를 말리며

망우문화역사공원 유관순합동묘역에서
정성껏 차려입고 때맞춰 내린 비를 맞으며
신독립군들과 유관순 추모제를 마치고
꽃비에 젖은 태극기를 접고 떠나려는데
위에 계시던 한용운 시인이 나의 손을 잡았다

돌아가면 젖은 태극기를 말리거라
여기 망우리에 대한민국 건국장 1등급
유관순과 한용운이 아직 잠 못 드는 이유
우리 주검을 감싼 마지막 수의 태극기가
마를 날 없이 언제나 축축하게 젖어있어
땅속까지 전해져오는 차가움으로
꽃피는 계절 꿈마저 젖어옴을 알려다오

우리가 무엇을 위해 싸우다 죽어야 하느냐
나라를 위해 불의에 맞서 싸우다가
살고 싶어도 어쩔 수 없이 죽어야 할 때
가슴에서 피 묻은 태극기를 펼쳐들고
절룩걸음으로 돌아갈 하늘을 우러르면
환하게 보여 지는 태극기의 행렬
눈물범벅된 대한나라 어진 사람들

볕 고운 빨랫줄에 태극기를 말리며
젖어있는 이름들을 함께 말려야겠다
겨레를 위해 목숨 바친 순국영웅들
그 넋과 혼에 남아있는 습기를 모두 말려야겠다

이봉창 시집

내가 떠나도

적들의 나라 이치가와 형무소에서
쾌남의 삶이 교수형 밧줄에 걸려도
적들에겐 다 소용 없는 짓이네
두 달 남짓이면 또 다른 대장부가
가나자와 공터에서 이마로 총알을 받고
몇 년 후 시로 독립을 노래하는 젊은이
후꾸오까감옥 별빛 행장을 꾸릴거니까

내 나라를 위해 싸우다 죽었는데도
타향에서 죽으면 사람도 바람이 되어
눈물바다를 너울에 휩쓸려 건너야 하고
고향 찾아 외로운 넋으로 떠날 때
누가 우리에게 이별가를 불러주었는가

일왕을 날리려고 도쿄에 잠입한 내가
사쿠라다문 의거 통한의 실패로 죽고
상해 홍커우 의거 성공한 윤봉길
일본까지 머나먼 뱃길 끌려와 죽고
배움으로 일본을 이겨보겠다던 윤동주
별 잘못도 없이 잡혀 싱겁게 죽어
내 나라에 전한 죽음의 슬픈 전설

나는 울음조차 친구가 아니었네
빼앗긴 나라를 울었기에 남은 눈물이 없고
나보다 먼저 행한 이도 웃으며 간 길
뒤 따라올 이들에게 눈물 보일 수 없어
마른 웃음 하늘에 날리며 홀로 떠났네

한번쯤은 제1호

한번쯤은 넘어져볼 일이다
다리를 절며 일어서서 걷노라면
못 걷는 사람들이 얼마나 슬픈지 알게 되고

한번쯤은 누워있을 일이다
일어나고 싶어 발버둥 치노라면
마음껏 돌아침이 얼마나 행복한지 알게 되고

한번쯤은 갇혀있을 일이다
이슬만도 새만도 못한 으르렁거림이
얼마나 소중하고 절실한지 알게 되고

한번쯤은 헤어져볼 일이다
있을 때 느끼지 못한 게으른 사랑이
얼마나 보고 싶고 그리운지를 알게 되고

한번쯤은 죽어볼 일이다
살아있기만 해도 천하가 내 것이고
내가 우주의 한가운데임을 알게 되고

나는 그랬다 원수의 나라에 찾아가
천왕이라 불리는 적의 우두머리를 향하여
대한나라 젊은이가 누군지 똑똑히 보아라
한인애국단 제1호 매운 맛을 알려 주마
폭탄을 던지고 실패하고 갇히고 죽었다
아무 일도 안하고 술이나 마시다 죽었으면
비루한 잡초처럼 썩어갔을 것이지만
나는 효창공원 살아있는 바람1호가 되어
삼의사 묘역 앞 동상 무거운 옷깃을 날리고 있다

부둥켜 인사

나는 날마다 외로웠다
마음 줄 곳도 정 줄 사람도 없어
술 한 잔 마시고 낙엽처럼 떠돌았다
왜놈들이 얄밉게 보이기 전까지는

일본 천왕을 아주 보내고 싶어 찾아간 중국
임시정부 어르신들 훌륭한 애국정신과
덥석 안아주던 김구선생 존경스런 품속에서
나는 더 이상 외롭지 않았다

우리가 언제부터 악수하고 지냈느냐
고대 나라에선 코 대고 비비는 코빼기 인사
서양 나라에선 뺨에 입 맞추는 볼떼기 인사
미국에선 살짝 안았다 놓는 아메리칸 스타일
우리나라는 힘껏 부둥켜안는 포대기 인사
그것은 단순한 포옹이 아니다

내가 사쿠라다 문이라 일컫는 도쿄 큰길에서
일왕 마차를 향해 폭탄을 던지고도
멀쩡하게 살아있는 왜왕을 바라보며
웃음 끼 가셔진 얼굴로 밀려오던 고독
내 목에 걸리던 교수형 밧줄의 감촉에서
한없이 그리워지던 가슴 맞닿은 부둥켜 인사

누군가 얼싸안는 부둥켜 인사로 나를 보냈다면
나는 영원히 외롭지 않았으리라
우리 그런 슬픈 날들을 위하여
다시 만날 약속 같은 부둥켜 인사를 하자

목줄

내가 일본 이치가와 형무소에서 목달임 당할 때
사람들에게 묻고 싶었다
빼앗긴 나라에서 앞잡이 하던 사람들아
밀정 하고 매국노 하고 친일파 하던 사람들아
목줄이 무엇이지 아느냐

그것은 나라란다
그것을 민족이라 하고
그것을 몸부림치는 겨레라고 한단다

나라는 백성이 목줄이어야 하고
민족은 역사가 목줄이 되고
대한민국 우리 겨레 독립이 목줄

나는 졌다
사람들은 졌잘싸 졌지만 잘 싸웠다 하지만
내가 진 것은 분노를 위한 살해라든가
왜왕을 죽여야 하는 민족의 당위성
일본의 세계전쟁을 홀로 막음이 아니라
내 나라를 침략한 무리에게 본때를 보여주고 싶었고

나는 지지않았다
내 목줄을 겨레에 걸었음으로
내 목줄을 나의 꿈에 걸었음으로
내 목줄을 행복하게 살아갈 님에게 걸었음으로

신독립군을 네게 보낸다

나 이봉창의 이름으로 너에게 신독립군을 보낸다
참모중장 안중근의 마음이 그랬을 것이고
태극낭자 유관순도 당연히 그랬을 것이고
효창공원 김구선생도 매일 그러고 계실 거고
나를 이어 한인애국단 제2호 윤봉길도
백두산 골짜기를 누비던 김좌진 장군도
최운산 형제들, 홍범도 장군, 안창호, 김규식
아 청산의 나무, 강가의 조약돌처럼 많은 독립투사들
같은 마음으로 신독립군을 다시 일으켜
아직도 골수에 박힌 밀정 앞잡이 매국노
영원히 뿌리 뽑고 싶어 별처럼 깨어있지만

내가 직접 맛본 실패의 몸부림으로
완전한 독립과 광복을 위한 신독립군들을
정신 못 차리고 흔들리는 너에게 보내나니
독립운동 투사는 바로 죽고 3대가 굶어 죽고
친일파 본인은 벼슬하고 3대가 잘 먹고 잘 사는
더 이상의 모순은 여기서 끝내야 하기에
뜨거운 가슴 넘치는 눈물의 신독립군들
그 정신으로 너를 가르치고 기도로 바로잡아
마침내 너도 밝은 태양, 빛나는 별빛 아래서
우리 조국 대한민국 겨레의 큰 일꾼으로
미래를 열어가는 새로운 선봉장이 될 것이다

나는 내 희망에 산다

희망은 한사람의 소유물이 아니다
뒤집어쓰든 주머니에 넣든 이마에 붙이든
갖는 사람이 주인이고 임자인데
그대는 왜 희망을 가슴에 품지 않는가

슬픔만 가득 미움만 가득 절망만 가득
실패에 대한 두려움으로 나아가지 못하는 사람아
희망의 공평은 공평하지 못한 데 있고
희망을 나눠 갖는 크기는 그대의 몫이거늘
나는 교수대의 밧줄이 목에 걸렸어도
희망을 놓기는커녕 희망을 움켜쥐었다

너의 희망은 비겁하게라도 잘 사는 것이냐
너의 목표는 불법이라도 성공하는 것이냐
높은음자리 큼직한 의자에 앉아서
국민을 속이고 개돼지처럼 짓밟은 대가로
왕처럼 군림하고 날개 단 듯 고공비행해도
끝없는 절벽 수직낙하는 알지 못하느냐

나는 역사의 쾌남 이봉창이다
한번 던진 폭탄 두 번은 못 던지겠느냐
한번 실패 했다고 두 번도 실패하겠느냐
아서라 남의 희망 빼앗는 일은
그것은 희망이 아니고 욕망이라 한다
그것은 출세가 아니라 패가망신이라 한다

마음 속 누이에게

내가 있던 세상의 누이여
우리는 그리움 이상의 그리움으로 살면서
눈이 짓무를 때까지 바라보고 싶던 누이는
현실의 빵을 먹고 띠풀의 언덕을 넘겠지만
나그네 되면 한 가지도 그립지 않은 것이 없다네

나는 실패했어도 비겁하지 않았고
일왕을 신처럼 받들던 왜인들은 단체로 미쳐
이치가와 형무소 사형장에 긴 밧줄을 걸고
서둘러 나를 죽였지만 나의 혼은 죽지 않아서
하마터면 건달이나 룸펜처럼 살 뻔했는데
쾌남 이봉창으로 남은 것이 다행인 것은
사는 목적이 쾌락이라면 31년이면 족했고
영원한 쾌락을 찾아 독립투사가 되었다네

침략자의 왕 히로히토에게 폭탄을 던진
도쿄 사쿠라다문 그 실패의 거리는
대한독립운동사에 슬픈 전설로 남을지라도
생의 어느 귀퉁이쯤에서 만나
깨알 같은 그리움 한껏 풀어내고픈 누이여
내 실패의 쓴잔은 동지들에겐 승리의 축배
내 눈물이 그리움의 도랑에서 여울로 흐르고
시냇물 이었다가 강물로 넘쳐지는 날
누이여, 그리움에 익사한 나그네로 남고 싶다네

달리기 할 때는

우리 역사 달리기 합시다
내가 먼저 힘껏 내지를게요
나를 따라 앞만 보고 달려오세요
달리다가 넘어지면 다치겠지만
겁내지 말고 일어서서 달리다보면
어느덧 아픈 상처도 아물고
바람처럼 달려 나가게 되거든요

끝까지 완주하지 못해도 실망하지 마세요
마지막 결승선을 넘었는데 꼴찌라면
억지로 웃으며 손뼉 치세요
그래도 한이 안 풀리면 이봉창을 생각 하세요
낮술 한잔 기울이며 정신줄 세우다가
원수가 바로 코 앞 고지가 바로 저기
성능 약한 폭탄을 원망한 일도
일본 천왕 마차를 헷갈린 일도
생의 마지막 순간이 오면 우습거든요

느릿느릿 인생을 기어온 사람도
천천히 인생을 걸어온 사람도
마구 마구 인생을 달려온 사람도
하늘 두레박 밧줄이 목에 걸리면
이슬 같은 인생이었다는 결론을 내리겠지만
역사에 이름 하나 남겨놓고 가는 것
그리 슬픈 일만은 아니랍니다

너도 이봉창이다

이봉창은 실패라는 첫 번째 이름
뜻을 이루지 못하고 쓰러진 별의 이름
그러나 그 이슬방울 같은 실패는
대한나라 광복을 부르는 뜨거운 영가
누가 있어 그 엄청난 길을 갔겠는가
어쩌면 죽을 수도 있는 길이 아니라
반드시 죽어야 하는 피 흘림의 길
그래서 속담도 바뀌어야 한다
실패는 성공의 '어머니'가 아니라 '이봉창'
광복을 향하여 피리 불며 떠난 님이여

이봉창이 펼친 태극기로 온몸을 감싸는
너도 나도 이봉창 우리 모두 이봉창
그는 외롭고 슬펐지만 헛되지 않았고
이봉창의 길을 따라간 윤봉길 수두룩한데
적들에게는 실패도 성공 성공도 성공
침략자의 왕 천왕을 잡으러간 발자취는
머리 질끈 동여매고 달렸던 독립투사의 길
너와 내가 따라야할 역사의 발자취
너와 나의 죽음이듯 이봉창을 떠나보내자
마지막 날을 기쁨으로 웃음으로 배웅하자
언젠가 우리가 떠나는 별리의 강가에서
배따라기 대신 꽃다발 던져줄 날들을 위해

이봉창을 만나려면

사람아, 이봉창을 만나고 싶으면
녹슨 고리를 자르고 가거라
그는 썩은 외나무다리 보다 더 아득한
가느다란 외줄에 매달려 대롱거리는데
그보다 더한 삶의 극치가 어디있느냐
파격적이라든가 특별함 같은 말씀은 싱겁다

독립투사로 침략국 일본왕을 죽이려고
결의 다지고 계획을 짜고 실행했는데
돌아온 것은 실패와 좌절과 교수형 밧줄
그날 사쿠라다문 목숨 건 폭탄투척은
탄약도 약했고 마차도 헷갈린 절대비극
그는 사형장 의자에서 고독했으리라

고원의 늑대 설산의 독수리를 보고 싶으면
이봉창 동상에 깊게 패인 핏줄그림을 보아라
뼈까지 부서내리는 손목이 궁금하거든
수류탄 움켜진 이봉창 독립군 손 만져보아라
진정 사나이의 눈물이 믿어지지 않거든
이봉창 목울대 감겨 젖은 밧줄 힘껏 짜보아라

영혼과 육체를 던진 이들이 독립투사였고
핏줄 한 올까지 태운 이들이 순국영웅인데
그대 짧은 생각으로 그 가슴에 닿겠는가
그대 시든 눈동자로 그 눈물에 닿겠는가
아서라 어떤 이론 학문도 다다를 수 없는
목숨을 건 종합예술가 대한독립투사여

길을 열지마라

임금님 나가신다 길을 비켜라
우악스럽게 소리치는 포도대장아
백성의 길 백성의 소리 막지마라
나는 흩트리는 자 아니고 모으는 사람
내　는 자 아니고 불러들이는 사람
가까이 더 가까이 다가오게 하라

엎드려라 수그려라 머리 들지 마라
눈 부라리며 으름장 놓는 포졸들아
백성들이 기뻐 뛰며 손 흔들게 하라
엎드릴 것은 높으신 원님과 대감들인데
나를 기다리는 서럽도록 순수한 가슴들
나와 눈과 눈이 손과 손이 마주치게 하라

임금이 있는 것은 백성이 있기 때문
내가 사는 것은 민초들이 지켜주기 때문
옥에도 있는 티가 백성에겐 없겠느냐
사람이 모여 살면 별의별 일 있기 마련
과거에 급제하고 나라의 녹봉 먹으며
민초 짓밟고 백성 죽이는 것이 누구였더냐

이제는 그러지 마라 억누르지 마라
백성이 잘 살아야 나라가 살고
왜놈과 오랑캐가 얼씬거리지 못하는 법
왕의 길을 열지 말고 백성의 길을 열어라
임금의 소리 듣지 말고 민초의 소리 들어라
나보다 높은 것은 하늘이 아니고 백성들이다

해물별 시계

잘 가는 시계 하나 갖고 싶다
나는 시계를 차면 오래가지 못했다
비싼 시계는 손목이 아플까봐 싫고
어찌어찌 차게 된 값싼 시계는 가다가 서고
요즘 유행인 기능성 시계는 충전이 귀찮아
밥을 안줘서 굶어 죽었다

어디 값싸고 밥 안줘도 잘 가는 시계 없을까
그러다 조선의 눈으로 하늘을 보고 싶었던
세종임금과 장영실이 생각났다
천민의 너울을 벗겨주고 벼슬도 주면서
천재 과학자를 우대했기에
신하는 해별물 시계를 임금에게 바쳤다

농사를 짓는 백성에게 시계는 필수였고
낮에는 해 그림자 밤에는 별자리 시계
눈 비오고 흐린 날은 어찌할거나
중국산 물시계는 물 마르면 그만이지만
장영실이 만든 자동 물시계 자격루
보신각종을 치고 순라군 교대도 시켰고
사람들은 배꼽시계 말고 일상의 시간을 얻었다

이제는 시계도 습관성 사치일까
육백년 전 세종이 바라보던 하늘을 우러르며
휴대폰에서 한글로 알려주는 시간 소리
세종임금께서 미리 준비한 선물에 감사한다

영릉에 내리는 비

영릉에 내리는 비에서는 조선 냄새가 난다
영릉에 내리는 비에서는 한글 소리가 난다
기역 니은 디귿 리을 미음 비읍 시옷
이응 지읒 치읓 키읔 티읕 피읖 히읗
쌍기역 쌍디귿 쌍비읍 쌍시옷 쌍지읒
아야 어여 오요 우유 으이
그러다가 가갸 거겨 고교 구규 그기
나냐 너녀 노뇨 누뉴 느니
다댜 더뎌 도됴 두듀 드디…
한글이 떠내려가다가 무궁화나무에 오른다
무궁화 꽃이 한글로 피면 혼이 깃든다
백성을 사랑하던 세종임금의 혼은
다시 빗물로 내리고 다시 무궁화가 핀다
무궁화 꽃에서는 겨레의 냄새가 난다
무궁화 꽃에서는 겨레의 소리가 난다

태조임금 구리 동구릉으로 가까이 가시고
아버지 세조임금 포천 광릉으로 가셨는데
세종은 여주 깊은 골짜기 영릉에 가셨을까
스물여덟 자 중에서 잃어버린 네 자
옛이응 여린히읗 반시옷, 자음 세 자와
아래아 또는 하늘아, 모음 한 자를 찾아
솔향기에 내리는 빗소리 따라 가셨을까
비가 내리지 않아도 한글비 내리는 영릉

세종대로에서

광화문에서 서울역 2.2킬로 오릿길
두개의 궁전과 두개의 동상 두개의 광장
관공서 언론사 호텔 다양한 빌딩의 숲
서울의 중심부를 넘어 대한민국 심장부
마냥 가슴 뛰고 있어보이는 거리였는데
언제부턴가 쌈박질로 얼룩진 슬픈 거리

겨레의 위대한 임금과 장군을 모셔놓고
매국노. 사이비. 욕심에 눈먼 사람들이 모여
오직 미쳐가는 굿판 개판 깽판 아사리판
태극기와 성조기는 왜 들고 설치는 걸까
태극기에게 부끄럽고 성조기에게 미안해서
늘 가슴에 붙이던 태극기뱃지를 감춘다

이러다가 이순신장군은 아산 현충사로
세종대왕은 여주 영릉이나 세종시로
추악한 우리네 모습 보이지 않는 곳
빛 곱고 바람 찰진 터에 모셔야 하는 걸까

퇴계로엔 이황선생 충무로엔 이순신장군
을지로엔 을지문덕 소월로엔 김소월시인
이제는 새로운 길이름 하나 붙여야 한다
대한나라를 미래로 이끄는 희망의 도로 명
꽃길 뜻길 혼길 아름답게 어우러진 민족의 길
무궁화 태극기 합쳐진 태궁화길을 열어야 한다

빗나가다

나를 이어 왕위에 오를 임금들아
빗나감을 경계하고 바로잡아라
빗나가는 것은 옳음이 아니다
나의 욕망을 위해 다른 사람을 죽이는 것은
바른 임금의 길이 아니다
임금이 바로 서지 않으면
남쪽은 왜족들이 수시로 침범하고
북쪽은 오랑캐가 호시탐탐 엿보고
서쪽은 중국 백만대군이 노리고 있나니
힘을 키우고 나라를 지키기 위해서는
임금이 먼저 정신을 차려야 한다
내 위로 많은 임금이 있었고
내 아래로 많은 임금이 올 것이다
그리고 세월이 지나면 임금 명칭도 바뀌어
대통령 수상 주석 이름으로 통치자가 나타나
백성들의 왕 노릇을 하게 될 적에
빗나가지 않은 인사를 선택해야 한다
사랑이 없는 지도자는 잊어라
눈물이 없는 우두머리는 버려라

욕심으로 오래 머무르는 자는 끌어내려라
자기를 위해 백성을 죽이는 자는 묻어버려라
사막의 모래밭이나 심해의 해구에 묻고
그를 따르는 추종자들도 순장품으로 묻어서
빗나감의 종말을 보여주어라
결코 빗나가는 후예가 나타나서는 안된다

겨레 스승의 날

스승의 날이 어떻게 5월 속으로 왔는지 아는가
6백 년 전 세종대왕 탄신 5월을 끌어와
6십년 전 5월에 가슴밧줄로 칭칭 동여맸다

참 스승은 언제나 어버이였다
한글, 우리글, 세계글, 인류 으뜸글을
백성을 위한 바른 소리 훈민정음이라 이름하신
스승과 어버이로 멍석자리까지 내려와
백성 마지막 한사람까지 안아주던 사랑

누가 함부로 오월을 계절의 여왕이라 했는가
오월은 겨레의 스승이 탄신하신 '계절의 대왕'
이팝꽃 푸른 나무마다 쌀밥이 튀밥 튀는
음력으로 따지면 1397년 4월 10일
양력 율리우스력으로 보면 1397년 5월 7일
요즘 그레고리력으로 치면 1397년 5월 15일
참 스승 세종대왕 태어나신 겨레의 어버이날

하늘의 이치를 알려주려고 해의 시간을 열고
땅의 마음을 찾아주려고 달 별의 시간을 열고
백성들 먹거리 농사를 위한 물의 시간을 열어
사랑할 때와 헤어질 때, 잡을 때와 놓을 때
눈물이 웃음 되고 다시 기쁨 됨을 알려주신 날

훈민정음 예의본 해례본에 담은 천년 미래
용비어천가 월인천강지곡에 숨긴 천년의 꿈
한 어버이가 대대로 가문을 잇는 시조가 되고
한 스승이 국가 민족을 이끄는 정신이라면
세종임금 대한민국은 영원히 무너지지 않는다

안약을 넣으며

꼭두새벽 일어나 세종임금 시집을 쓰다가
토끼처럼 붉어진 두 눈에 안약 넣으며
한글 만들다 눈병이 나서 무척 고생하셨던
우리 임금 세종임금 그 토끼눈을 생각한다

지금은 별별 안약이 종류별로 많아서
물안약 안연고 인공눈물까지 수없이 많은데
세종임금은 아픈 눈에 무엇을 바르셨을까
눈가엔 진흙을 눈 속엔 샘물을 점안하다
울 어머니 어릴 적 나에게 그러셨듯이
여인의 뽀오얀 젖으로 눈병을 다스렸을까

다래끼 백내장 녹내장 더 심한 황반변성
안경 끼고 수술 하고 예방법도 수두룩
새벽 글 몇 줄 쓰고는 눈 비비며 안약 넣고
안과 정기점검 날짜를 짚어보는데
밤낮으로 한글 창제에 몰두하시다가
시력의 한계에 부딪혔던 겨레 성군이시여
내 달력 뺏어 찢고 가소로움에 손뼉 치며
물러터진 정신 상태를 꾸짖어 주십시오

세종임금 고통의 눈병을 생각하며
내 가슴에 뚝뚝 민족 안약을 넣겠습니다
세종임금 사랑의 눈물을 기억하며
내 영혼에 뚝뚝 겨레 안약을 넣겠습니다

하늘 땅 사람

하늘을 두려워 하거라
땅의 마음이 되거라
사람을 사랑 하거라

하늘 땅 사람을 우러러보는 일
그것이 살아가는 이야기 되고
그것이 눈물짓는 노래 될 적에
글자가 되고 뜻이 되어
꺼지지 않는 겨레의 등불이 된단다

하늘이 곧 땅, 하늘이 열리면 땅이 열리고
땅이 곧 사람, 땅이 열리면 사람이 열리고
사람이 곧 하늘, 사람이 열리면
그때 비로소 열리는 민족의 하늘

바로 보고 바로 읽고 바로 말하면
하늘 땅 사람 서로 미움도 가시고
솟는 샘물. 살폿 바람. 반짝이는 물결
웃는 꽃. 노래하는 새. 춤추는 나비
이윽고 별빛이 내려와 덮으면
우리가 꿈꾸는 내일이 오려니

내가 새로 스물여덟 자를 만들며
모두 쉽게 쓰는 한글이 되게 하려고
장님에 가까운 눈병에 시달린 것은
훈민정음이라 쓰고 한글이라 읽는
우리말 우리글 글자를 넘어
사랑으로 흘러내린 눈물 때문 이었다

골빈 자들의 노래

골빈 자들은 왕을 미친 듯이 우상한다
왕王자에 광狂자를 덧붙이는 사람들
미칠 광狂에 붙은 개사슴록변은 개견犬자
왕도 잘못하면 미친개가 된다 했는가
수많은 사람을 죽이고 나라를 망쳐도
포악할수록 잔인할수록 더 미칠 듯이 외치며
골빈 자들이 단체로 모여서 노래한다
하늘 향해 삿대질 아우성치는 광기여
우리가 목숨 걸고 기다리던 왕을 달라
우리 정수리에 대못 박을 쇠망치 든 폭군
백성을 비틀어 짜고 파괴하는 왕을 달라
주지육림에 빠지고 주색잡기로 밤새우고
흑역사 슬프고 아픈 역사 길만 골라 가는
연산을 달라 선조 같은 모지리를 달라
세종임금 정조임금처럼 성군은 절대 안된다
간신이 조종하기 쉬운 꼭두각시 왕
스스로 발등 찍고 멸망에 머리 처박는 왕
사랑은 씨도 없고 악마만 숭배하는 왕
역사의 흙탕물 민족의 전환기에 꼭 나타나

바로잡이 왕에게 비참하게 쓰러지는 왕
시방도 골빈 자들의 미친 노래가 한창이지만
빛이 온다, 빛의 혁명이 무궁화영토를 뒤덮어
하늘은 늘 폭군을 잡고 성군을 세울 것이다

세종대왕 찬가

역사의 강물에 나쁜 왕이 줄지어도
언제나 새롭게 나타나소서
세종로 동상이 그릇됨에 터져나가도
어버이의 새살로 돋아나소서
교과서 책장이 거짓으로 찢겨나가도
바른 역사가 채워지게 하소서

세종임금이시여 겨레임금이시여
잘 오셨다 잘 가셨습니다
슬픔이 넘쳐나던 무궁화 영토에
눌림과 설움의 삼천리강산에
사랑 옷 입고 베품 왕관 쓰고 오서서
글도 만드시고 기쁨도 심으셨습니다

단군으로 시작된 대한나라 오랜 세월
태어나지 않았으면 좋았을 못된 왕들
뗏목처럼 굽이치는 민족을 뒤엎어도
반드시 나타나는 세종대왕 이음 왕들로
겨레는 아 겨레는 잘못되지 않을 것입니다
천만년 결코 무너지지 않을 것입니다

사랑도 눈물도 없는 바보 임금들이
대통령이라는 너울을 쓰고 설치지만
그러지 마라 그러다 너만 죽는다
아무도 기죽지 않고 너를 잡으러 갈거다
그것이 대한나라 으뜸 정신입니다
우리가 늘 세종대왕을 노래하는 까닭입니다

김시민.논개 시집

진주성의 깃발
- 충무공 김시민장군에 부쳐

진주성 촉석루에 가서 보았지
논개의 넋이 울부짖는 의암을 적시며
굽이쳐 흐르는 남강 푸른 물결 위에
창공을 향해 휘날리는 충절의 깃발
슬픈 역사 속에서 오롯한 구국의 깃발
420년이 지났어도 청청한 음성으로
지축을 흔드는 호령의 깃발을

하늘이 푸르른 날은 승리의 노래를
죽음이 서럽지 않은 날은
진주성 가득 깃발을 올려라

박쥐 떼처럼 몰려드는 조총잡이들
무궁화 강산을 침략하는 못된 무리들을
절대로 통과시켜선 안 되는 눈물의 철옹성
진주 목사 김시민장군 눈은 해처럼 타올랐다
쑥대든 갈대든 조릿대든 화살이 되고
쇠스랑 낫 도끼는 창칼이 되고
끓는 물 돌덩이 흙덩이도 무기가 되어
남녀노소 누구나 명령에 움직이는 병사

일당 열 일당백으로 적을 물리쳐라
남쪽 강을 비추는 상현달 달무리가
뜨거운 선혈로 물들 때까지

우리가 무너지면 누구도 못 가는 고향
두고 온 산천 천안에도 능수버들 푸르고
갈 기러기 늦가을 하늘을 수놓을 텐데
내 고향 내 백성 내 나라를 지키기 위해
6일 동안 성 안팎에서 밤낮 없는 전투
지칠 때까지 싸우고 또 싸워 이겼다
마지막 전장을 눈물로 돌아보는데
이마를 파고드는 패잔병이 쏜 총탄 하나

진주성 서장대에서 무수히 보았지
한 눈에 내려다보이는 망루에 올라
삼천팔백 명으로 삼만 왜군을 격퇴시킨
임진왜란 3대첩 중 하나인 최악의 격전
군사들을 격려하며 긴 칼을 휘두르다가
불혹의 언덕을 못 밟고 떠나간 장군의 깃발
마지막까지 싸우다 숨져간 영웅들의 깃발을

가전리에서

아우내 한자락 물줄기가 흘러가는
목천현 백전동 지금은 병천면 가전리
여덟 살 꼬마대장이 이끄는 어린 용사들이
길거리에서 군사처럼 진을 치고 있을 때
고을 원님 행차와 맞닥뜨렸다
누구든 진중을 지나갈 수 없다고 막아 선 소년
고을 원은 가상히 여겨 비켜 지나갔다

동네 가축들을 괴롭히던 이무기를
거북바위 아이들 그림자로 유인하여
뽕나무 활과 쑥대화살로 죽인 아홉 살 용맹
그 전설을 안고 무과 급제하여 장수가 되었다
영웅의 때는 따로 있는가
임진년 왜적들이 쳐들어오자 진주목사 되어
장병을 모집하고 훈련시키던 젊은 장군

진주성을 넘어 전라도와 서울을 치려는
삼만 명 섬나라 정예군이 성곽을 둘러쌀 때
부녀자 노인까지 모두 합쳐 삼천 팔백 명
6일간 밤낮으로 싸운 숨 가쁜 전투에서

이만 명을 사살한 빛나는 전과가 있던 날
패잔병이 쏜 총알에 이마를 맞고
가전리 고향을 그리며 먼 길을 떠났다
못다 핀 서른아홉의 청춘 고귀한 죽음이여

바다엔 무적 무패 이순신의 일 대첩
육로엔 연전연승 김시민의 이 대첩
한강엔 악전고투 권율 장군의 삼 대첩과
논개 곽재우 사명당 의병장들이 목숨 바쳐
조국을 멸망위기에서 건져냈지만
삼백 년 후 그들에게 나라를 빼앗기고
안중근 유관순 윤봉길 또 피를 뿌려야 했다

조국이 아파 울면 가전리로 오라
우리가 목숨 빚 진 충무공 옛집에서
오직 나라만 걱정 했던 선열의 외침
마지막 호흡에도 차마 눈감지 못하던
푸른 역사 위에 오롯한 큰 별을 바라보라
틈만 나면 사리사욕에 눈 먼 위정자여
자기 밖에 모르는 슬픈 깡통세대들이여

아우내 영웅들

병천 가전리 김시민장군 13대 손
그 할아버지에 그 손자 김구응 선생
조국의 심장 유관순과 함께
가장 높이 태극기를 올렸던 기수
김시민과 논개가 아우내로 왔는가
태극 깃발 사월 하늘에 휘날릴 때
목이 터져라 부르던 대한독립만세는
조국에 바치던 마지막 맹세

서른 살 아름다운 청년
침략자 일본 헌병이 마구 쏜 총에
찢겨진 가슴에서 흘러나온 피가
아우내장터 붉게 물들이던 날
젊은 주검을 쓸어안고 통곡하던
늙은 어머니 최정철 여사
왜놈들 칼에 등과 옆구리 찔려
아들 따라 먼 길을 떠나갔네

누가 아우내를 그냥 장터라 부르는가
누가 그 죽음이 값없이 뿌려졌다 하는가
아우내는 진주성 같은 순국의 성지

김구응선생 아우내를 빛낸 등불
소리쳐 읽어 내린 독립선언서 움켜쥐고
두개골을 짓이기는 일경에게
내 나라에서 나가라 꾸중하던 눈망울

배워야 산다 깨우쳐야 산다
기독교 학교 청신의숙에서 시작하여
장명학교 진명학교 선생님으로
동서양 학문을 두루 익힌 지성인
농촌 처녀 총각에게 나라사랑 가르치다
그 실천의 길을 몸소 알려주셨네

아우내 만세운동 총연출가로 우뚝 서서
매봉산 봉화대 햇불 든 유관순에게
그대는 논개, 논개의 혼이 빛나노라
김시민처럼 남자의 용기를 보여주던 밤
그 삼월의 마지막 생의 마지막 새벽
하늘이여 이 나라 이 민족 지켜주소서
별빛을 타고 오르던 기도소리는
이 나라 수호신의 큰 사랑이었네

남강의 노래

김시민의 눈물은 품고 흘러가는 남강
논개의 가슴을 안고 흘러가는 강물아
그때도 지금처럼 푸르게 흘렀겠지만
너의 굽이치는 물결 뒤엔 낙동강이 있고
그리운 남쪽바다 다도해가 있듯이
김시민 뒤에는 독립군 장군들이 줄섰고
논개 뒤에는 나라사랑 여인들이 이어졌네

김시민장군 열 배가 넘는 왜적과 싸웠어도
연이은 전투마다 승전가를 불렀듯이
논개여전사 침략을 즐기는 적장을 안고
강물과 함께 홀로 전투에서 이겼듯이

우리가 사는 것이 나 혼자인 것 같아도
우리 뒤에는 셀 수 없는 사람들이 따라오나니
함부로 인생을 살면 절대 안 되는 이유
본보기는 못되어도 손가락질 받지 말고
기쁨은 주지 못하더라도 슬픔은 심지 말자

전설은 비록 실화가 아니어도
실화는 언제나 전설로 남게 되는 것
오백년을 울부짖는 실화전설 찾아서
진주성 의암을 흐르는 남강과 만나던 날
나를 부둥켜안던 진주성지기 김시민
내 손 꼬옥 잡아주던 아름다운 논개여

논개의 강

강물에 풀린 검은 머리칼
하늘 마지기 논개여
그대가 적장을 안고 강물에 쓸려갈 때
푸른 남강의 빛도 빠르게 따라가고
낙동강 바꿔 타서 하단쯤 흘러갔을 때
감옥 창살보다 더 단단한 가락지에서
숨 끊긴 왜장 물반죽 뜯기는 수제비처럼
듬성 듬성 섬섬옥수를 빠져나가고
그대 고운 피도 한없이 강물에 섞여갔네

우리 역사에서 가장 아름다운 여인이
아직까지 강물로 흐르고 있으니
가장 오래 강물을 흘러내린 기록으로
강물에 새로운 물길을 내던 여인이여
의로운 죽음은 차디찬 강물에서도
꽃을 피우고 뿌리를 내려
험한 물살도 부드럽게 어루만져서
강물에 담긴 죽음들을 살려내고 있었네

나는 오랫동안 들꽃 밭에 엎드린 죽음
한 손엔 종이 들고 한 손엔 연필 들고
외로운 시인처럼 떠나고 싶었는데
이제는 그대처럼 강물로 흐르고 싶어
강가에 앉아있는 버릇이 생겼네
강물에 흘러가는 여인 기다림이 생겼네

꿈꾸는 진주성

꿈은 어떻게든 이루어진다
크게 이루든 작게 이루든
꿈을 이루기 위해 힘껏 달려갔어도
꿈을 이루지 못해 눈이 붓도록 우는 사람아
그대가 넘어진 발부리마다 쏟아진 꿈
그대가 흘린 핏자국마다 스며든 꿈
꿈을 이룬 행복보다
꿈을 찾아가는 행복이 더 크나니
꿈을 향해 가노라면 만나는 사람들
과거사람 지금사람 미래사람 만나는 즐거움

위대하고 아름다운 진주성의 꿈을 보아라
몰려오는 적을 물리치기 위해 싸웠던 김시민
침략자 왜장을 끌어안고 온몸으로 맞선 논개
비록 진주성과 나라를 지키진 못했더라도
적들에게 민족혼의 매서움을 알려주어
빼앗김을 늦추고 침략을 막아섰던 날들

진주성 장군과 병사와 백성들 꿈이 없었더라면
죽음과 바꾼 나라사랑 전설은 없었을 것이고
꿈꾸는 나그네였던 나의 유랑의 날들
그 눈물 세월로 세상을 떠돌지 않았더라면
꿈을 향해 달려가는 행복도 없었을 것이고
사랑하는 사람들에게 꿈 이야기를 들려주는
서럽도록 아름다운 진실도 없었을 것이다

논개바위에서

돌아온 논개가 웃고 있다
관음보살 보다 모나리자 보다 고운 웃음
젊은 김시민이 열배의 적과 6일 동안 싸워
위대한 승리 뒤에 서러운 죽음으로 떠났고
도로 빼앗긴 진주성엔 적들의 전승놀이

가녀린 미모의 여인 한을 품은 여전사 되어
왜장 안고 푸른 물에 하냥 떠내려가다가
유수 같은 세월 진주성을 지키는 수호천사
지리산 덕유산 깊은 계곡에서 시작된 남강엔
시방 관광객 가득 태운 유람선이 미끌어지고
다리에는 커다란 황금 가락지를 걸어 놓아
이제는 가락지 잃어버릴 걱정은 없어졌는데

경상도 전라도 더는 편 가르지 말자
전라도 선비인 부친 주달문 모친 밀양 박씨
규수 주논개 탐관오리와 아픈 사연 있어
경상도 병마절도사 최경회 정실부인 되었는데
낭군은 전라도 전투에서 왜적에게 죽고
원수를 갚으려 기생으로 변장한 충절의 여인
진주성 홀로 전투 전설의 논개대첩을 보아라
우리 경상도 전라도 서로 돕고 적과 싸우자
남강을 바라보며 올바위 논개가 웃고 있다

의기사 빈기사

진주성 촉석루 깊은 뜰 안
논개를 모셔놓은 의기사義妓祠 어딜 보아도
논개는 없고 텅 빈 그림만 걸려있었다
놀러 나가셨을까 아주 떠났을까

왜군과 싸우다 죽은 사랑하는 서방님
그 원수 갚으려 잠시 기생으로 분장하고
술 취한 왜장 안고 올바위 강물로 뛰어들 때
죽음을 옥죄인 열 손가락 잠금 가락지
남강교에 덜렁덜렁 금빛으로 걸어 놓고
남강 하늘 받치는 바지랑대로 서 계실까

촉석루 돌계단마다 김시민 눈물 패인 자국
촉석루 마룻장마다 병사들 얼룩진 핏자국
촉석루 큰 기둥마다 백성들 뜯겨진 신음자국
돌아보던 논개는 통곡으로 눈이 부었는데

비좁은 사당 기생머리 그림 속에 갇혀있기 싫어
남강 푸른 물에 발 담그러 간 건 아닐까
유람선 타는 사람들에게 손 흔들러 가셨을 거야
멀리서 찾아오는 길손 마중하러 나갔겠지

논개아씨 동상 없는 건 잘한 일이야
영정에서 나왔는데 다시 동상에 묶여선 안 돼
공북문 안쪽 의젓하게 서있는 김시민 오른팔
저 멀리 하늘 끝 시린 손 받쳐주던 논개여

남강교에 걸린 가락지

강물에 빠진 보름달을 포개 걸은 것일까
남강다리 허공에 놓인 황금빛 쌍가락지
논개 가슴속 비수 같은 손가락 칼날은
원래 서방님이 끼워주신 사랑선물 이었는데
아깝다 가슴 떨리는 이별의 극치를 하냥 강물에

침략이란 남김없이 빼앗기는 것이구나
하늘 산 강 바다 뒤엎는 적들의 말발굽
머리카락도 손톱도 강물에 휩쓸리면
붉은 댕기 한 가닥 속절없이 떠내려가고
부를 수 없는 이름만 수북한 성터
남강에 소복 같은 어둠 짙을 적에
낙동강 역광을 거슬러 빛을 끌고 온 논개는
가녀린 두 어깨에 짙게 패인 핏자국으로
강물 속에 꺼지지 않는 등불을 켰지
죽음이란 값있게 쓸 적에
저렇게 빛나는 보석이 되는구나

진주교에 걸린 황금가락지는 정녕
태극기를 돌돌 말아놓은 것인가
무궁화꽃을 뒤집어 겹쳐놓은 것인가
낮달도 낮별도 진주교에선 가락지가 된다
눈 뜨고 떠내려가는 논개가 된다

논개 연인증

논개 연인이 되고 싶어 진주 남강에 간다
목숨의 압이 끓는 압력솥처럼 꽉 찬 진주성
촉석루 담벼락 길 어질걸음 걸어 내려
절벽이 쑥 빼내 밀은 바위 혓바닥
북두칠성 때 묻은 국자 씻는 별들 빨래터
오호 미인 제물을 하늘에 올리는 제단
의암이라 적고 올바위라 새기는 논개바위에서
바위 주인에게 사랑고백하기 전
가락지로 매듭 옥죄던 섬섬옥수를 기억하며
거짓으로 퉁퉁 불어터진 내 손가락
욕심으로 핏발 선 눈동자를 씻어야 한다

푸른 강물의 눈으로 논개가 보고 있다
고개 숙일 줄 모르고 살아온 날들이
고개 들 수 없는 꺾인 삶이 되었기에
내 마지막 구원의 길은 논개 연인의 길
쓰러지는 나라 꺼져가는 겨레의 빛을
사백년 지난 지금도 펄펄 살리는 논개처럼
지치고 힘든 인생길 구비마다 나를 일으키며
연인증 새겨준 내 사랑이 모두 논개였다
역사의 강물에서 나를 건져 올리는 논개는
시인아, 그대를 논개의 연인으로 인정하노라
논개연인증 받았으면 논개 가슴으로 살라한다

강우규 시집

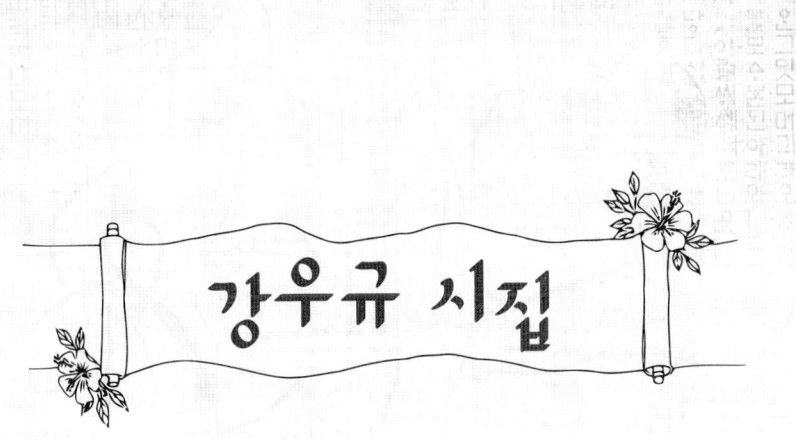

강우규의사를 올려다보며

지금은 거미줄 교통망의 출발점 서울역
백 오년 전 남대문역 광장을 바라보며
청동 두루미기를 입고 서있는 강우규의사
노안에서 흐르는 눈물의 탄식을 들었다

조상들에게 돌아갈 길을 막아서고
내 명대로 못살도록 목숨을 막아선 왜놈들
그 대장인 신임총독 사이토 마코토야
우리 대한나라가 언제 너를 불렀느냐
왜 불청객이 남의 나라에서 노략질하느냐
내가 너를 지옥으로 돌려보내고
민족의 호탕한 시 한편 읊어주리라

나는 너희들의 사형집행으로 목 졸려 죽었으나
지금은 서울역 환승센터 행인들을 바라보며
무섭게 반복되는 역사에 진저리 치지만
끝내 정의는 이기고 자유는 승리한다

나를 잡아 일본에 넘긴 친일 경찰 김태석아
그때나 지금이나 앞잡이 밀정 매국노 넘쳐나도
서울 하늘에 독립투사 푸른 눈빛이 빛나는 한
누구도 대한민국을 건드릴 수 없다

1919 서대문형무소

서대문형무소 감방에 들어온 날 밤
8호 여자감방 쪽에서 울음소리가 들려왔다
태극소녀 유관순이 울고 있었다
오늘도 끌려가 하루 종일 매를 맞고 돌아와
아우내장터에서 함께 만세 부르다
왜놈 총칼에 먼저 떠난 부모님 생각에
다시는 꽃세상에서 뛰놀 수 없는 슬픔에
횃불소녀 유관순이 서럽게 울고 있었다

우리는 열두 달을 같은 감옥에 있었다
천안에서 태어나 이화여고 다니다가
만세 크게 불렀다고 잡혀온 열일곱 소녀
평안도에서 태어나 독립 찾아 싸우다가
왜놈 총독에게 응징의 수류탄을 던졌지만
실패하고 밀정에게 잡혀온 예순 다섯 노인

4월 1일 출발한 유관순 눈물의 감옥시계는
이듬해 9월 28일 매 맞아서 멈추고
9월2일 출발한 강우규 투쟁의 고통시계는
이듬해 11월 29일 사형장에서 멈춰서
나보다 먼저 왔다가 먼저 떠난 소녀여

유관순이 감방문을 걷어차며 만세부를 때
나도 두 주먹 불끈 쥐고 함께 외쳤고
대한이 살았다는 별빛 젖은 노랫소리
나 강우규도 머리를 부딪치며 함께 불렀는데
우리 곧 설움 없는 나라에서 다시 만나자

아들과 두루마기

*단두대에 서니 오히려
봄바람이 이는구나
몸은 있으되 나라가 없으니
어찌 감상이 없겠는가

사형장에 가는 날 갈아입으라고
명주 두루마기 지어온 아들 강중건아
십년 전 이토를 포살한 안중근 동지는
죽어가는 흉수를 보며 코레아우라 외쳤고
어머니 조마리아 여사 보내온 두루마기
하얀 사랑처럼 입고 떠났는데

조선총독 사이토를 향해 수류탄을 던졌지만
명중이 빗겨가고 척살에 실패하여
준비한 시 한 편 읊지 못한 원통함으로
너의 효행 옷을 입고 떠나지만
둘째 강건형에게도 전해주어라
사람이 떠날 때는 가슴으로 말해야 함을
아들의 두루마기에 피를 묻혀 새긴다고

*내가 죽는다고 어쩌지 마라
내 평생 나라를 위해 한 일이
아무 것도 없음이 도리어 부끄럽구나

*표시는 강우규의사 유언 詩

강우규가 이봉창에게

하늘만큼 높은 뜻을 갖은 젊은이여
그날 도쿄 사쿠라다문 큰길에서
일왕을 향해 힘껏 수류탄을 던지고
멀쩡하게 살아있는 왜왕을 바라보며
얼마나 허탈하고 자존심이 상했는가
이치가야형무소에서 사형집행일 받아놓고
얼마나 실패한 좌절의 눈물을 삼켰는가

그대보다 열두 해 먼저 나도 그랬다네
남대문 광장에서 신임 조선총독을 향하여
힘껏 수류탄을 던졌지만 명중하지 못하고
허리끈에 박힌 파편을 털어내던 왜장
허망한 울분을 대한독립 염원에 감추고
서대문형무소에서 사형날을 기다리며
실패한 상실의 눈물이 마루를 적셨다네

그대는 효창공원 앞에 나는 서울역 앞에서
수류탄을 들고 비바람 눈보라에 서 있는데
그대는 서른 한 살 나는 예순 다섯에 멈췄고
적들은 살고 우리는 한을 품고 죽었어도
안중근과 윤봉길의 성공을 위로삼아
우리 별나라에 모여 옛일을 회상하세
그대가 품속에서 꺼낸 태극기와 만세소리
내가 휘파람으로 풀어놓던 시의 노래는
대한나라 높은 기상 천만년을 이어가리라

늙은이들

오늘도 슬픈 늙은이들을 보았다
젊은이들이 본받고 섬기고픈 노인이 아니라
삶의 찌꺼기 같은 늙수레한 뼈들이 모여
무슨 대단한 애국자인양 깃발 하나씩 들고
엉덩이가 터진 바지에 쉰 목소리로
떼거리 지옥 같은 악다구니를 쓰고 있었다

여자 늙은이도 더 많이 섞여있었는데
전혀 사랑스럽지 않은 몰골이 섬뜩하고
내가 만나 보고픈 사람들은 아니었다
1920년 강우규의사는 65세 나이였는데
그 당시 평균수명이 37세 오락가락
지금으로 따지면 80세 노인이어야 맞고
우리나라 빼앗은 왜놈 신임총독 사이토
물러가라 죽어라 수류탄에 실린 뜨거운 눈물
서대문형무소 사형장에서 하늘에 기도하던
영웅의 전설을 늙은이들에게 알려주고 싶다

고집이 쇠가죽 같은 늙은이들이여
역사의 거울에 그대 추한 모습 비춰보시게
광화문 거룩한 성지에서 떠들지 말고
서울역 강우규의사 동상 앞에 다소곳이 모여
속 깊고 우아한 노인들이 되어주시게
거짓 목사 가짜 정치인 악마 통수권자
목멱산에서 불어오는 살바람에 실어 보내고
눈물 많고 다정한 할아버지 할머니로
대한민국 찢기고 할퀸 상처 보듬고 가시게

서울역에서 명동성당까지

내가 왈우 강우규라는 이름으로 서 있는
서울역 옛 청사 앞은 내 동상만큼 묵혀 있고
나는 슬펐지만 목숨 바칠 가치가 있던
백년도 더 지난 옛일을 추억하네

여기서 명동성당 까지는 오리쯤 되고
나보다 10년 먼저 매국노를 습격하고 떠난
지금 우리 대통령과 한자까지 이름이 똑 같은
이재명(李在明)의사를 눈물로 추모하네

명동성당 친일 미사 참석한 매국노 이완용
군밤장수로 변장해 기다리던 스물 셋 청년
민족의 피 끓는 분노 단죄의 칼을 받아라
더러운 짐승의 어깨와 등짝 허리 힘껏 찔렀네

오오 총이 있었다면 아아 폭탄이 있었다면
이재명의사의 동상은 성당 앞에 세워져
목멱산 불어오는 솔바람 송도음 함께 들으며
침략자와 매국노를 경계하고 있을 텐데

늙은 이완용은 죽지 않고 즐기며 오래 살았고
젊은 이재명은 교수형으로 떠난 비정한 거리
인력거꾼만 죽이고 실패한 님의 의거나
일본총독 대신 일행만 죽인 나의 의거여

백년 후 지금은 아무도 그 일을 묻지 않는다
이재명 명동성당 표지석, 강우규 서울역 동상
비바람 눈보라에 깎이며 무너지지 않는 까닭
아직도 죽지 않고 눈 부릅뜨고 있는 이유를

삼십분 걸어서

삼십분 거리에 백년 세월 이재명 의사여
대한나라 푸른 역사에 아름다운 젊은이여
내가 자주 그대 보러 명동성당에 갔는데
오늘은 그대가 삼십분 걸어 서울역에 오시게
성당 앞 초라한 그대 표지석을 찢고 나와서
숭례문을 지나 환승센터 길을 건너오면
강우규도 갑갑한 동상옷을 벗고 마중하리니
사이비들 뒤로 하고 목멱산 소풍이나 가세

백 년 전 멈춘 나이로 내가 세 배나 많지만
의거와 죽음은 그대가 십년을 앞서니
우리는 실패의 눈물 속 영원한 친구며 동지
역사에서 튀어나온 투명인간 둘이 손잡고
삼십분 걸어 남산 백범광장 안중근기념관
우리처럼 청동에 갇힌 안의사와 김구선생
동상옷 단추 풀어드리고 광장에 모여 앉아
박제된 독립투사들과 신독립운동 시작하세

일본 감옥에서 골백번 죽음의 강을 건넜는데
다시 동상감옥 기념관감옥에서 옥살이 하는
무궁화 영토 독립군 동지들을 일일이 만나
겉치레 형상이나 구경꾼 건물에서 탈출시켜
그곳은 욕심 많은 인간들 다툼터로 돌려주고
지금도 침략 눈 뜨고 독도를 노리는 일본과
수작질하는 매국노 친일파 밀정을 찾아서
망국의 잡초 뽑아내고 아주 멸족시키러 가세

낭송과 노래를 위한 시

징검돌이 되어

우리 옛 땅 백두산 너머 대륙부터
독도 이어도 가거도 파도의 해역까지
적들의 말발굽에 아프게 흐르던 역사
무서운 강물이 끊어진 다리로 갈라놓아서
맞닿은 언덕도 밧줄도 없이 떠내려 갈 때
어디선가 홀연히 안중근이 날아와
물에 코 박고 거북이처럼 엎드렸다
유관순이 날아와 코 박고 엎드렸다
윤봉길이 날아와 코 박고 엎드렸다
김구도 김좌진도 안창호도 날아와
험한 강물 거리낌 없이 코 박고 엎드리고
계속 날아든 순국영웅 독립투사들
코 박고 엎드려 징검다리를 놓았다
사람들은 우루루 징검돌을 밟고 건넜다
잘 살 수 있는 언덕에 내리고 나서는
뒤도 안돌아보고 건너온 다리를 잊었다

코 박고 엎드린 등짝마다 이끼가 끼고
강물 속으로 눈물 같은 세월이 흘렀다

소금씩 넓어진 강폭 그때마다 놓여 진 징검돌
남의 나라 빼앗은 왜족의 탁류도 흘러가고
동포의 심장에 폭탄을 던진 공산당도 쓸려가고
민주의 가슴에 총부리 겨눈 독재도 떠내려갔는데
겨레의 이마에 칼을 꽂은 내란의 밤
큰물의 소용돌이로 징검돌마저 위험할 때
대한나라 지키던 대한사람 이재명이 날아와
망설임 없이 거북이처럼 코 박고 엎드리고
수많은 민주 항해자들이 엎드린 징검다리

이제는 보아라!
다시 찾은 태극기의 하늘 무궁화 영토
태극기가 꽃이 되고 무궁화가 깃발이 되어
겨레의 심장에 빛으로 피어나는 태궁화
나 코 박고 엎드린 징검돌 되고 싶다

독도와 이어도

외로운 사람이 더 외로운 사람 보듬듯이
외로운 섬은 더 외로운 섬을 부르나니

독립에 목이 마른 외로운 독립군이
청산을 함께 넘을 동지 애타게 찾듯이
동쪽바다 홀로 맞서는 외로운 섬 독도가
남쪽바다 숨막혀오는 이어도 목 놓아 부르는 소리
어이 어이이 아아 이어 이어여

뒤집힐 듯 바람 타는 대한의 섬 독도
죽을 듯 자맥질하는 대한의 섬 이어도
파랑波浪에 태극기 수놓은 편지 실려 보내며
침략 지킴이 독도수비대 독도에 사나
태풍 지킴이 해양과학기지 이어도 사나

경상북도 울릉군 울릉읍 독도리 우편번호 40240
우리 땅 울릉도에서 동남쪽 87킬로
일본 땅 오키노시마에서 서북쪽 157킬로
가까운 땅은 우리 땅 먼 땅은 남의 땅

제주도 서귀포시 대정읍 가파리 우편번호 63514
우리 땅 마라도에서 남서쪽 149킬로
일본 땅 도리시마에서 서쪽 276킬로
중국 땅 퉁다오에서 북동쪽 246킬로
가까운 바다 우리 바다 먼 바다 남의 바다

이사부 안용복 바다, 장보고 이순신 해역
독도에서 이어도까지 굵은 금을 긋고
마음을 이어 가슴을 이어 마침내 영혼을 이어
외로움을 보듬자, 시린 마음 달래자
우리 땅 우리 바다 독도여 이어도

독립삼남매

우리는 대한나라 독립을 위해
차례차례 별나라로 떠난 문지기들
맏형 안중근 하얼빈역 플랫폼에서
가운데 유관순 아우내 저자거리에서
막둥이 윤봉길 상해 홍구공원에서
목숨 바쳐 독립의 문 지키던 의거삼남매

안중근 무기는 단총 한 자루
유관순 무기는 태극기 한 장
윤봉길 무기는 물통폭탄 하나
우리는 살아도 죽고 죽어도 사는
만세삼남매 승리삼남매 독립삼남매

안중근 여순 감옥 교수대에서 떠나고
유관순 서대문 감옥 구둣발로 떠나고
윤봉길 노다산 공터 총성으로 떠나고
조국에 바쳐진 제물 마디마다 아픈 사랑

우리 사랑엔 계절이 없었어
봄 여름 가을 겨울 눈물항아리
우리 죽음엔 사계가 없었어
날마다 시간마다 죽음의 언덕

우리 삼남매 너무 닮았어
한민족 한겨레 한 핏줄 한집안
서른 둘. 열여덟. 스물다섯 젊음도 닮고
섬나라 일본과 지독하게 엉켰고
한번 갇힌 감옥 죽어서야 풀려났어

지금은 별나라에서 함께 모여 살면서
나라에 어려움이 오면 쫓아나갈 준비
권총 태극기 물통폭탄 다 챙겨서
언제든 피 묻은 옷차림으로 달려갈거야
태극 열차 타고 무궁화 영토에 살거야

하늘비

기나긴 목마름 끝에
애타는 기다림을 넘어
초록초록 오월에 내리는 비는
단비 약비 꽃비 생명비
은하언덕 저무는 계절 속에서
돌아오지 못하는 그 님의 눈물비

버석버석 흙먼지 가득한 대지
시들고 야위어가는 세상을 보며
유관순이 울고 있다
애련의 강물이 넘치는 가슴으로
빗물의 주인에게 엎드린 간절한 청원
내 작은 눈물만이라도 내려가
무궁화 영토를 적시게 해 달라고

그 붉은 마음이 하늘호수를 열었노라
고운 입술 적시듯 봄밤을 노래하며
푸르름을 축복하는 복비가 내린다
유관순 오월의 비가 내린다
천년 사랑이 흘러내리는 사랑비

산신령 이사 가는 날

산신령이 살던 토굴이 분주하다
작은 산 하나를 지키며 가꿔 왔는데
막상 떠나는 발걸음이 무겁다
산삼 더덕을 캐서 일일이 종자함지에 담고
제비동자 해오라기난초 씨앗도 이끼로 싸고
새벽이면 기도 명상하던 선녀탕도 흩어버렸다

화선지 벼루 먹 연적 따로 따로 챙기고
늘 전령으로 부리던 메아리도 바람 가방에 넣고
통신병 휘파람새는 날개에 지도를 묶어놓았다
돌아올 수도 돌아와서도 안 되는 곳
산불로 땅속까지 검게 그을린 상처에
산사태까지 겹쳐 목숨 잃은 마을 사람들
더 이상 산신령으로 체통을 잃어서
한밤중 야반도주를 감행할 생각이다

산마다 터줏대감 산신령이 있어서
큰 산 산신령 문하생으로 가야하는데
몸을 의탁할 산이 사라지고 있다
스승으로 모실만한 산신령들도
저마다 토굴을 떠난다고 한다
어쩌다가 이런 일이 일어났을까

멀쩡한 산을 까뭉겨 집 짓고 길 내고
뿌리 깊은 나무 우듬지 꺾어 남긴 그루터기
산속에 야영장 수련원 리조트 야단법석 할 때부터
불안감이 몰려와서 속상해 입맛도 잃었고
저러다간 감당 못할 자연의 복수가 시작되어
해충과 미세먼지 독바람이 몰려들어서
끝내 삶의 터전도 빼앗기고 말텐데
이삿짐 모아놓고 산신령 걱정이 태산이다

이육사 윤동주, 님들이 계셨더라면
- 한강작가 노벨문학상 수상을 축하하며

골고다 언덕 예수님 무덤 돌문을 열어 제치 듯
세계를 향한 한국문학 굳게 닫힌 철문을
깨부수듯 열고 창공을 날아 오른 새여
무지개 왕관에 빛나는 나래짓을 보았노라

이 땅에 얼마나 많은 시인 작가들이
평생 일궈온 문학의 꽃밭 생명의 꽃씨를
노벨 무지개 타고 대지의 강을 건너
머나먼 하늘가에 옮겨 심고 싶어했는가

삶과 꿈의 날을 앞서 가신 거룩한 문사들
내 유랑의 세월도 서러울 만큼 길었는데
먼저 금맥을 찾아 황금의 잔을 든 그대여
내 한풀이처럼 반갑고 고맙고 행복하노라

처음 길을 낼 때 얼마나 아팠겠는기
풀잎에 베이고 가시에 찔리고 자갈에 뜯기고
홀로 만든 길을 걸으며 얼마나 외로웠겠는가
꽃다발 대신 사팔눈 홉뜨는 사람들

한글에 옛 것과 새 것 튼튼한 바퀴를 달고
역사 줄기마다 고독 어리는 깃발을 꽂고
소설로 뭍도 가고 물도 가는 길을 열었으니
나 지금 우리글 뜨거운 시로 뒤따라가리라

우리가 별나라 오솔길 함께 걷는 날
은하 연못에 햇덩이 달덩이 뭉쳐 오리니
이육사 시인 이십년만 더 살았더라면
윤동주 시인 삼십년만 더 살았더라면

겨레시집
하나

1쇄발행 2025년 10월 9일

지은이 성재경
펴낸이 정수연
펴낸곳 도서출판 여름
등록 제1998년 9월 2일(제2-2626호)
주소 서울 중구 을지로 20길 32-16
전화 02-2278-6990
E-mail design6990@naver.com

ISBN 979-11-92943-10-7 03800

값 15,000원

저자와의 합의하에 인지는 생략합니다.
잘못된 책은 구입하신 서점에서 교환하여 드립니다.